Trevallars carambole: Sicksack mönster

Från professionella mästerskapsturneringar

Testa dig mot professionella spelare

Allan P. Sand
PBIA Certifierad Biljardinstruktör

ISBN 978-1-62505-358-9
PRINT 7x10

ISBN 978-1-62505-522-4
PRINT 8.5x11

First edition

Copyright © 2019 Allan P. Sand

All rights reserved under International and Pan-American Copyright Conventions.

Published by Billiard Gods Productions.
Santa Clara, CA 95051
U.S.A.

For the latest information about books and videos, go to: http://www.billiardgods.com

Acknowledgements

Wei Chao created the software that was used to create these graphics.

Innehållsförteckning

Introduktion **1**
Om bordslayouten 1
Tabellinställningsanvisningar 2
Syftet med layouterna 2
A: Mellanstabell sicksack **3**
A: Grupp 1 3
A: Grupp 2 8
A: Grupp 3 13
B: Miniatyr sida vid sida sicksack **18**
B: Grupp 1 18
B: Grupp 2 23
B: Grupp 3 28
B: Grupp 4 33
B: Grupp 5 38
C: Halv bord sicksack **43**
C: Grupp 1 43
C: Grupp 2 48
C: Grupp 3 53
C: Grupp 4 58
D: 3/4 bord sicksack **63**
D: Grupp 1 63
D: Grupp 2 68
D: Grupp 3 73
E: Fullbord sicksack **78**
E: Grupp 1 78
E: Grupp 2 83
F: Lång bordssyg-zag **88**
F: Grupp 1 88
F: Grupp 2 93
F: Grupp 3 98
F: Grupp 4 103
F: Grupp 5 108

Other books by the author …

    3 Cushion Billiards Championship Shots (a series)

    Carom Billiards: Some Riddles & Puzzles

    Carom Billiards: MORE Riddles & Puzzles

    Why Pool Hustlers Win

    Table Map Library

    Safety Toolbox

    Cue Ball Control Cheat Sheets

    Advanced Cue Ball Control Self-Testing Program

    Drills & Exercises for Pool & Pocket Billiards

    The Art of War versus The Art of Pool

    The Psychology of Losing – Tricks, Traps & Sharks

    The Art of Team Coaching

    The Art of Personal Competition

    The Art of Politics & Campaigning

    The Art of Marketing & Promotion

    Kitchen God's Guide for Single Guys

Introduktion

Detta är en av en serie Carom Biljardböcker som visar hur professionella spelare fattar beslut, baserat på bordslayouten. Alla dessa layouter är från internationella tävlingar.

Dessa layouter sätter dig inuti spelarens huvud, börjar med bollarnas positioner (visas i första tabellen). Den andra tabellen layout visar vad spelaren bestämde sig för att göra.

Om bordslayouten

Det här är de tre bollarna på bordet:

Ⓐ (CB) (din biljardboll)

⊙ (OB) (motståndare biljardboll)

● (OB) (röd biljardboll)

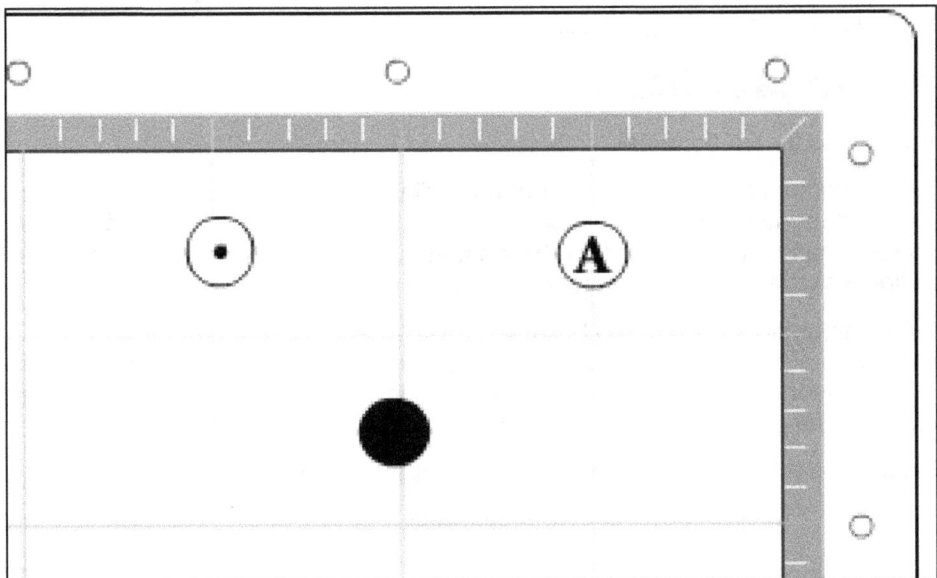

Varje konfiguration har två tabelllayouter. Den första tabellen är bollpositionerna. Den andra tabellen är hur bollarna rör sig på bordet.

Tabellinställningsanvisningar

Använd pappersbindningsringar för att markera kulans positioner (köp på vilken som helst kontorsleveransbutik).

Placera ett mynt vid varje bordsduk som (CB) kommer att röra.

Jämför din (CB) -väg med den andra tabellkonfigurationen. För att lära dig kan du behöva flera försök. Efter varje misslyckande, gör justering och försök igen tills du lyckas.

Syftet med layouterna

Dessa layouter finns för två ändamål.

- Din analys - Hemma kan du överväga hur du spelar konfigurationen på den första tabellen. Jämför dina idéer med det faktiska mönstret på den andra tabellen. Tänk på din lösning och överväga alternativ. Från den andra tabellen kan du också analysera hur man följer mönstret. Mentalt spela skottet och bestämma hur du kan lyckas.

- Öva bordkonfigurationen - Placera bollarna i position enligt den första tabellen konfigurationen. Försök att skjuta på samma sätt som det andra bordsmönstret. Du kan behöva många försök innan du hittar rätt sätt att spela. Så här kan du lära dig och spela dessa skott under tävlingar och turneringar.

Kombinationen av mental analys och praktisk praxis gör dig till en smartare spelare.

A: Mellanstabell sicksack

Den (CB) kommer av den första (OB) och går fram och tillbaka över sidan. Detta ligger i mitten av bordet.

Ⓐ (CB) (din biljardboll) - ⊙ (OB) (motståndare biljardboll) - ● (OB) (röd biljardboll)

A: Grupp 1

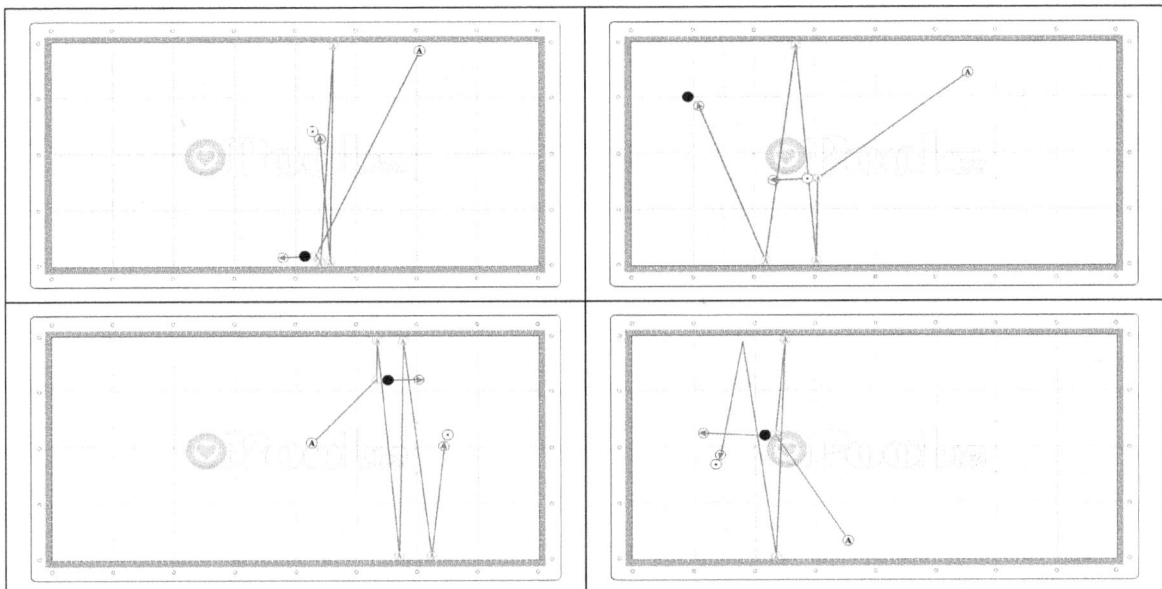

Analys:

A:1a. _____

A:1b. _____

A:1c. _____

A:1d. _____

A:1a – Inrätta

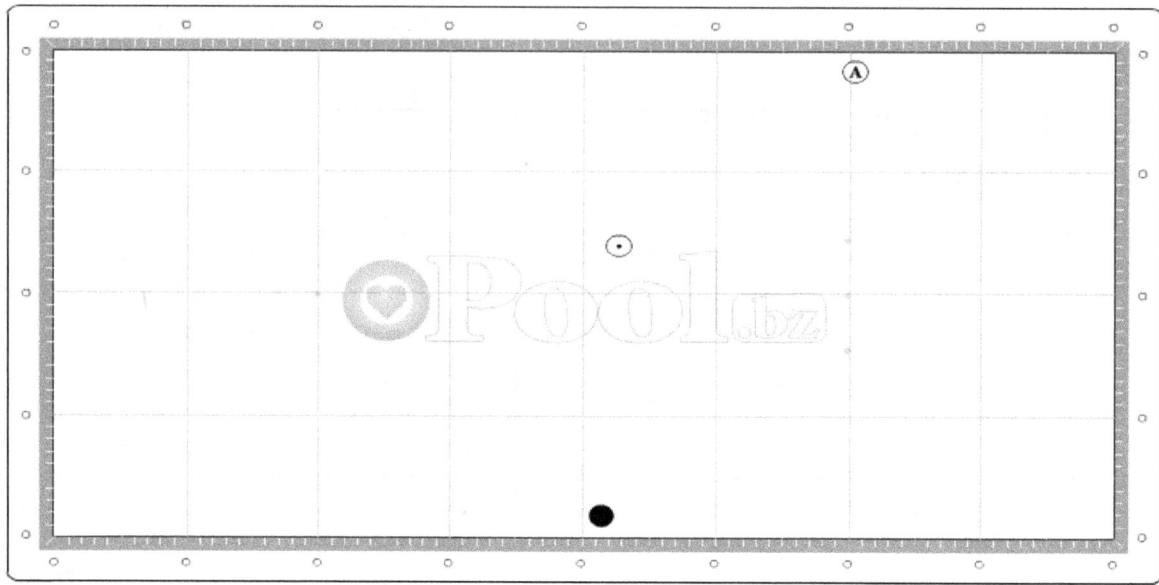

Anteckningar och idéer:

Skottmönster

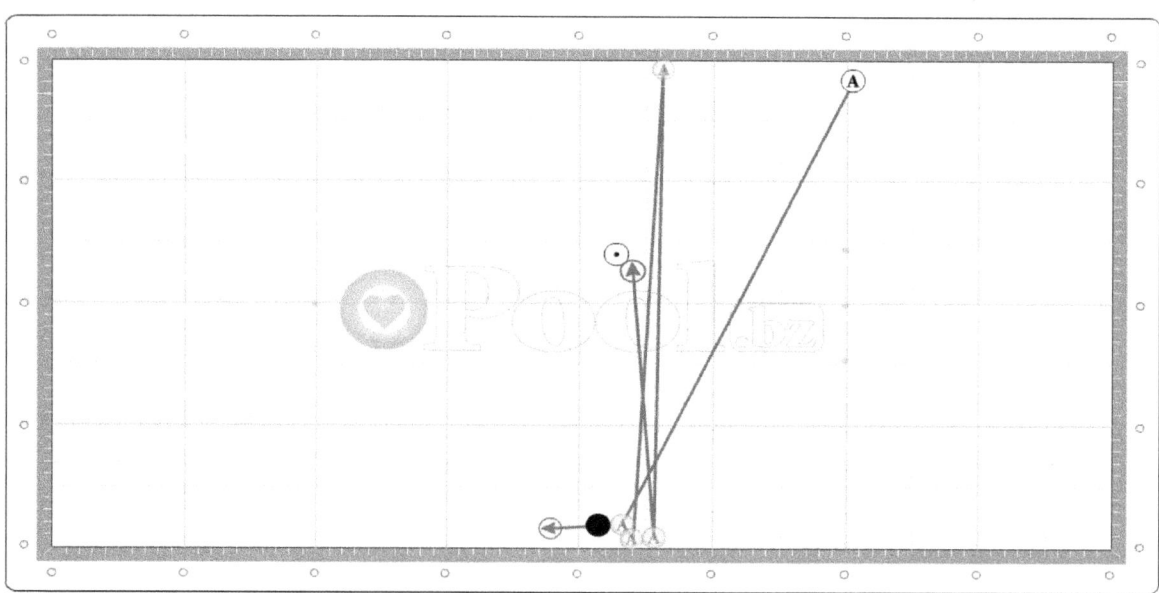

A:1b – Inrätta

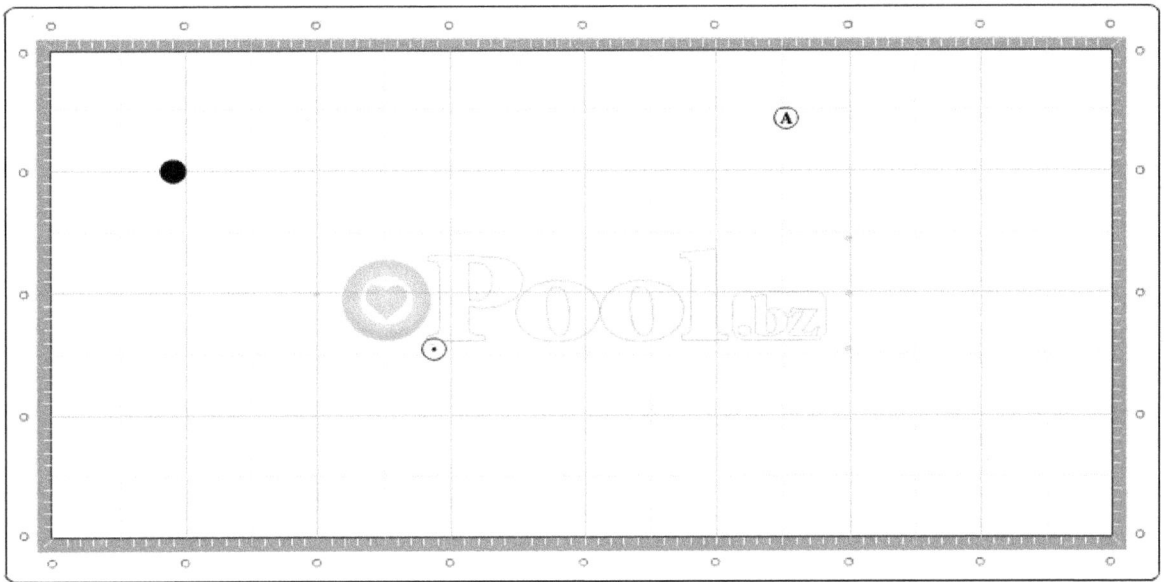

Anteckningar och idéer:

Skottmönster

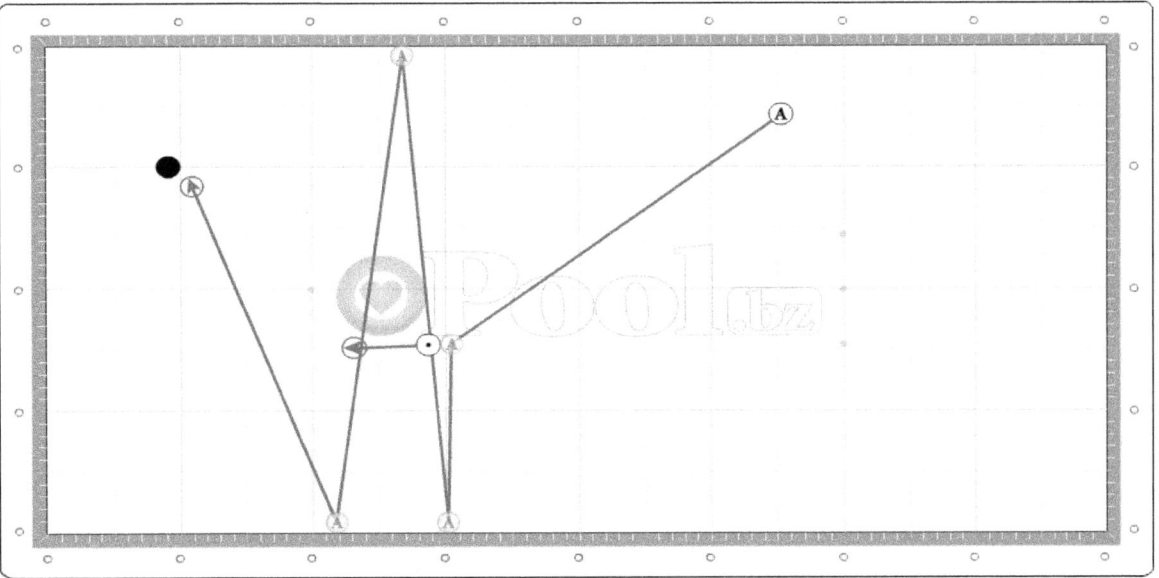

A:1c – Inrätta

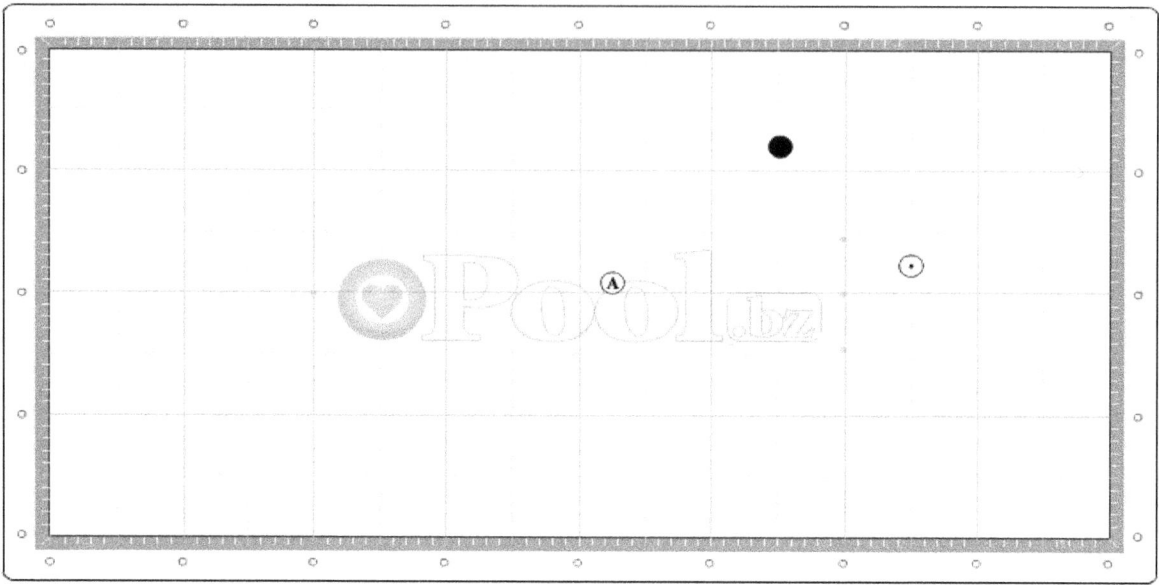

Anteckningar och idéer:

Skottmönster

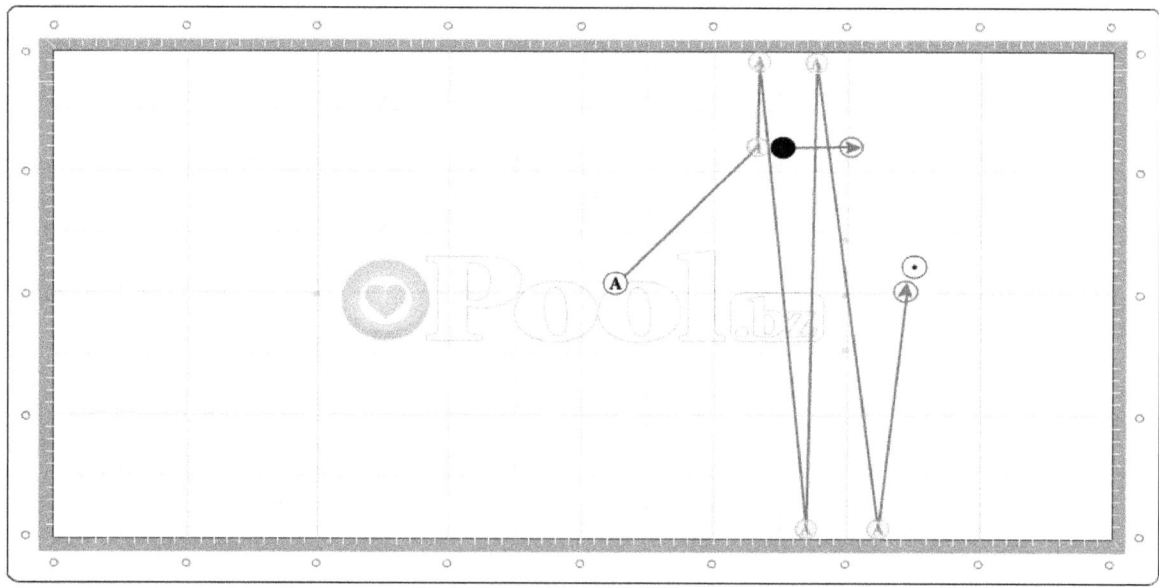

A:1d – Inrätta

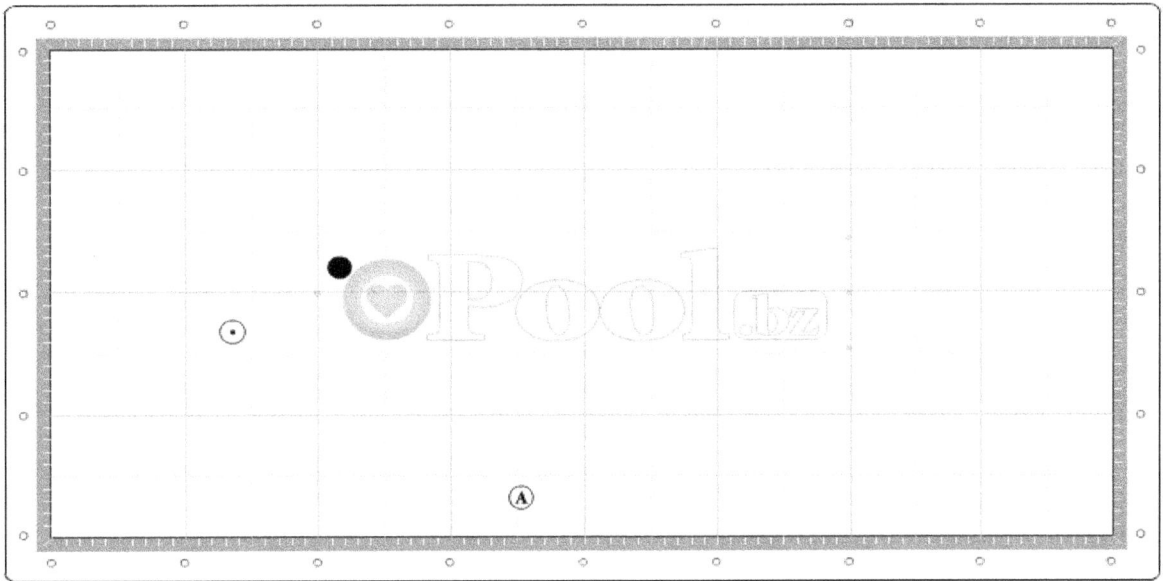

Anteckningar och idéer:

Skottmönster

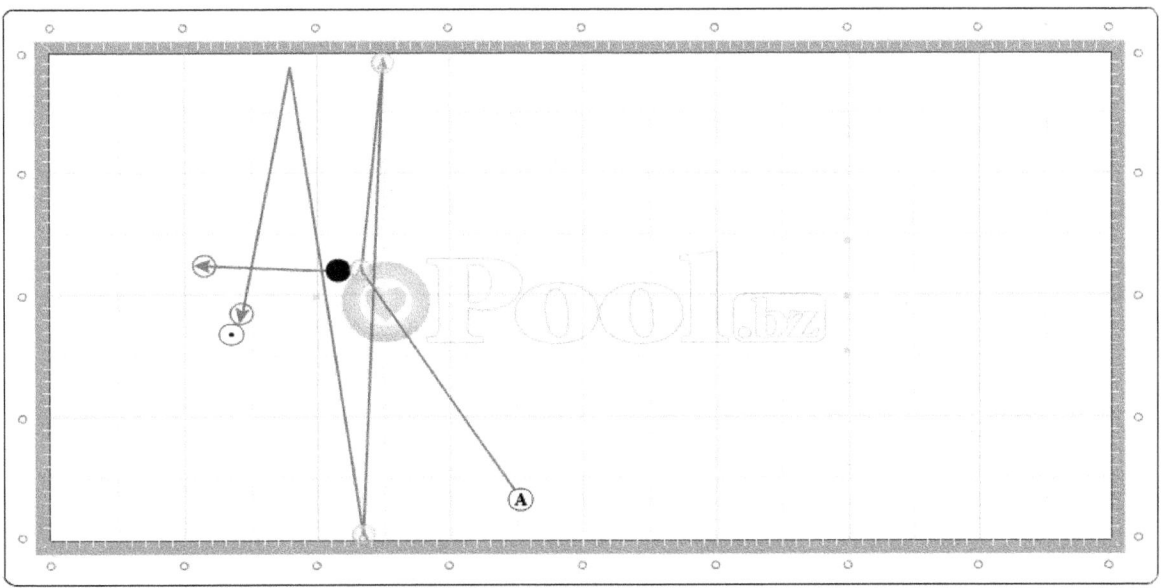

A: Grupp 2

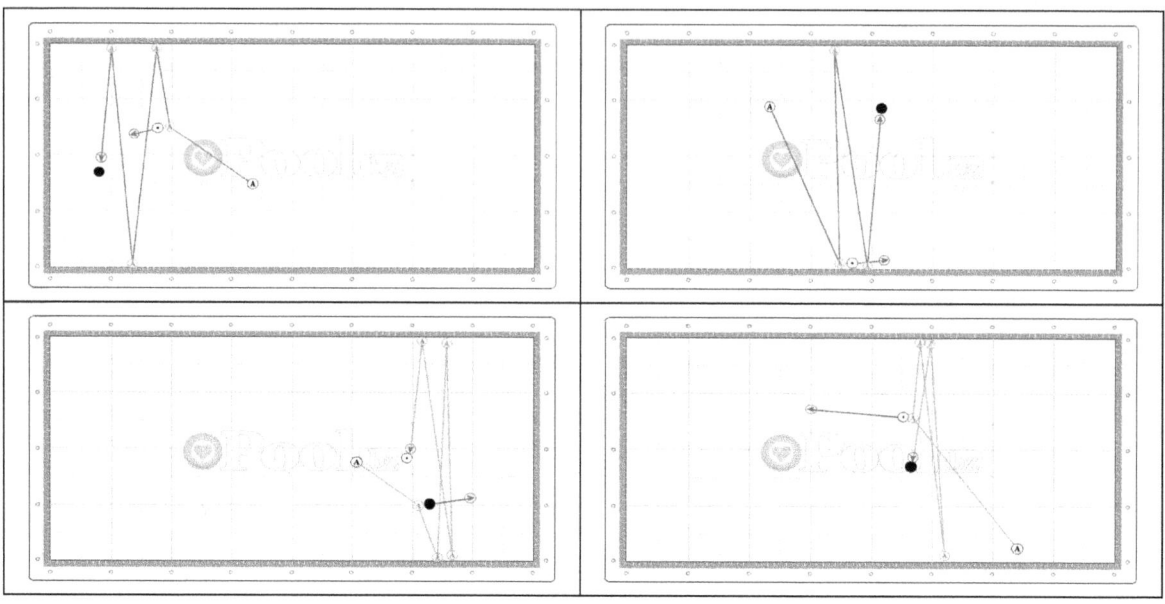

Analys:

A:2a. _____

A:2b. _____

A:2c. _____

A:2d. _____

A:2a – Inrätta

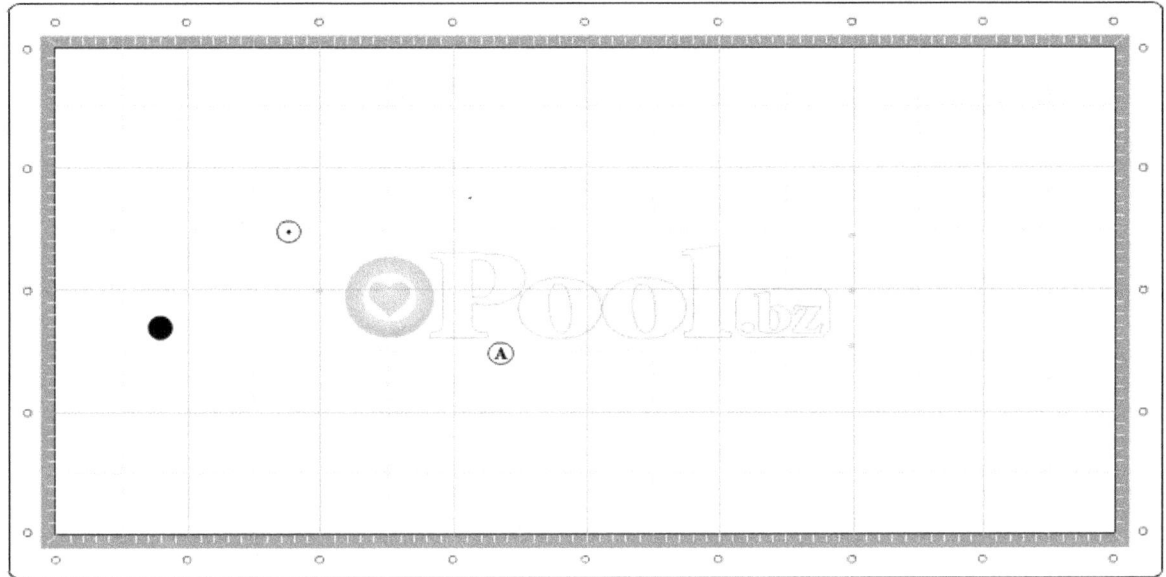

Anteckningar och idéer:

Skottmönster

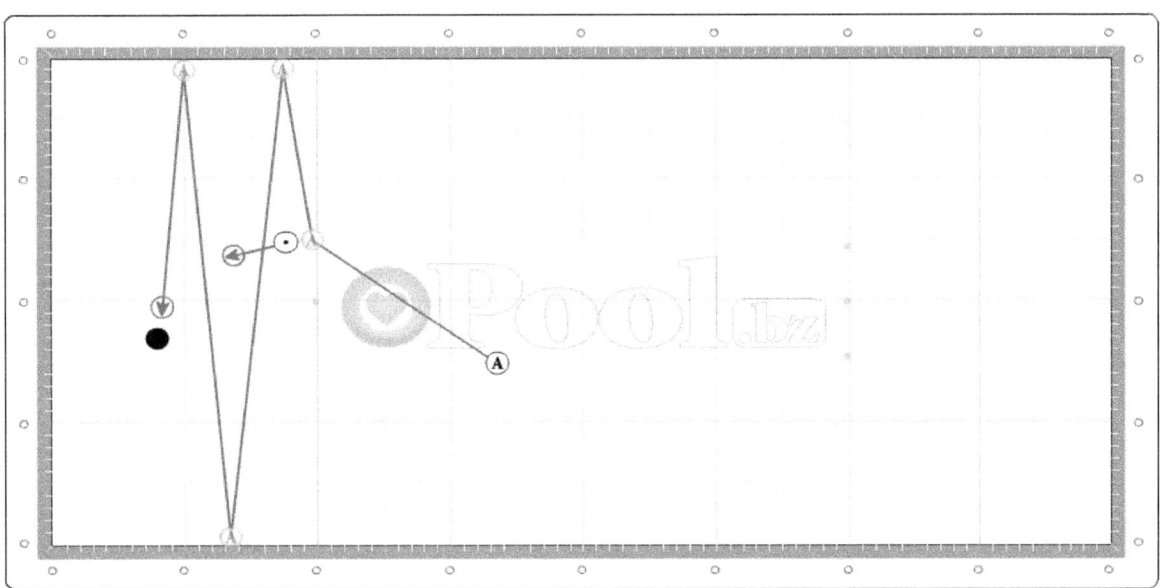

A:2b – Inrätta

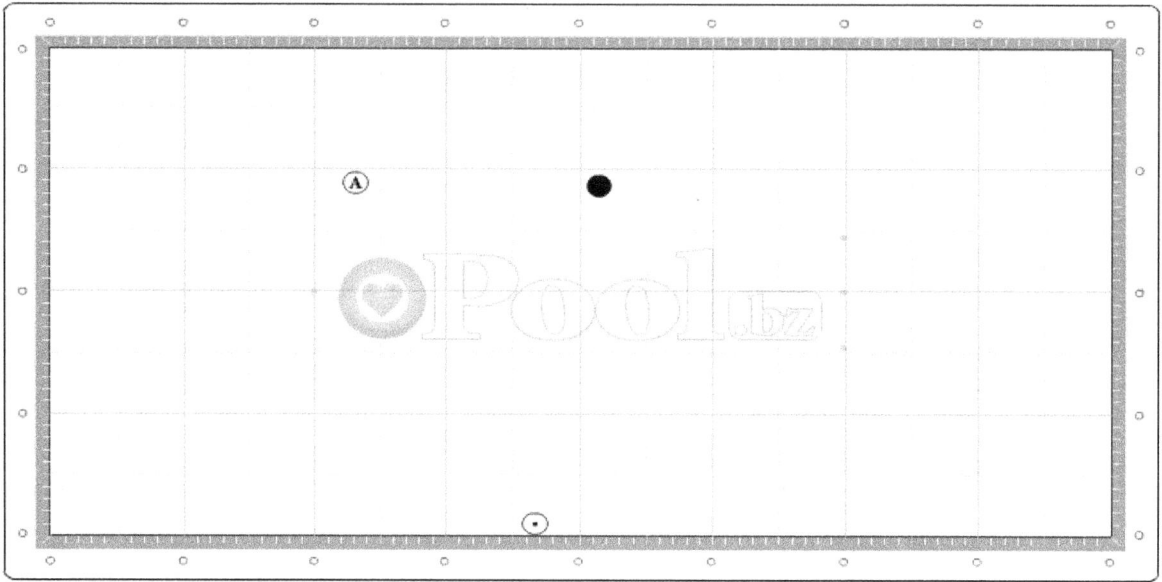

Anteckningar och idéer:

Skottmönster

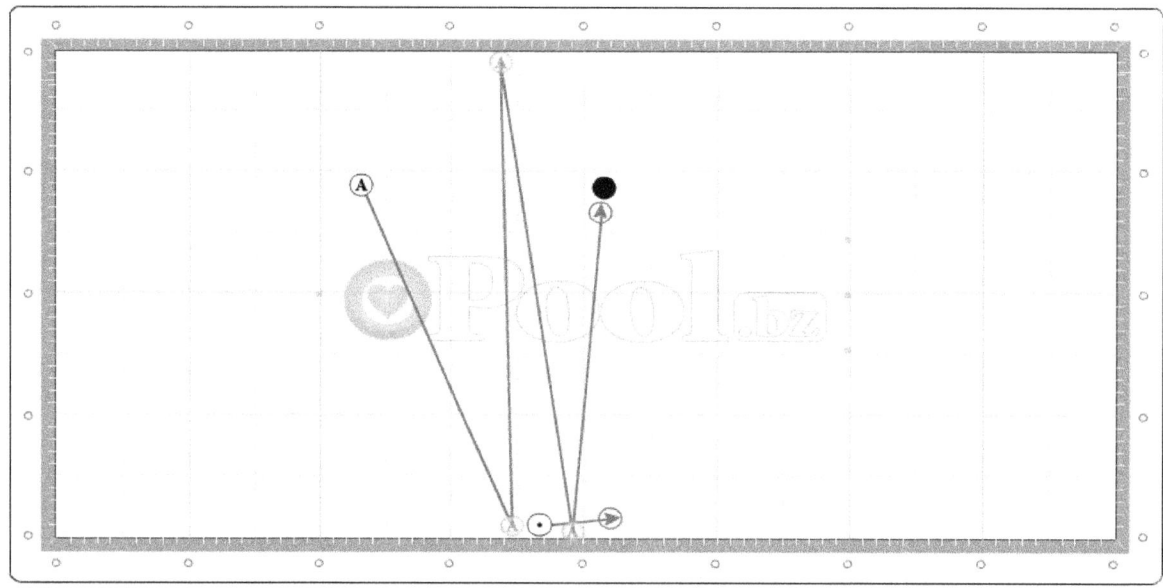

A:2c – Inrätta

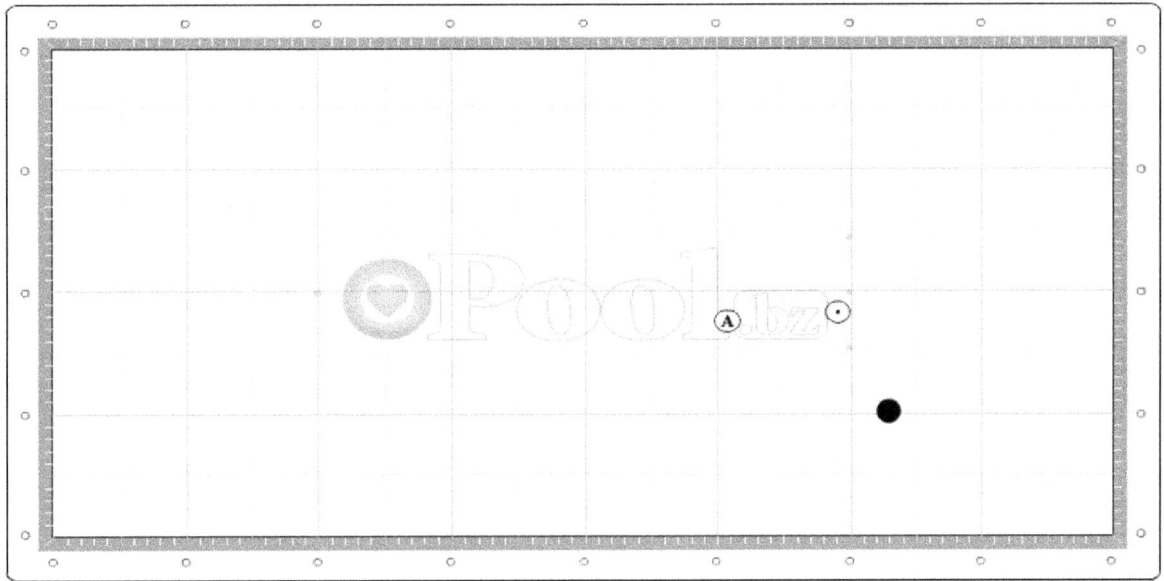

Anteckningar och idéer:

Skottmönster

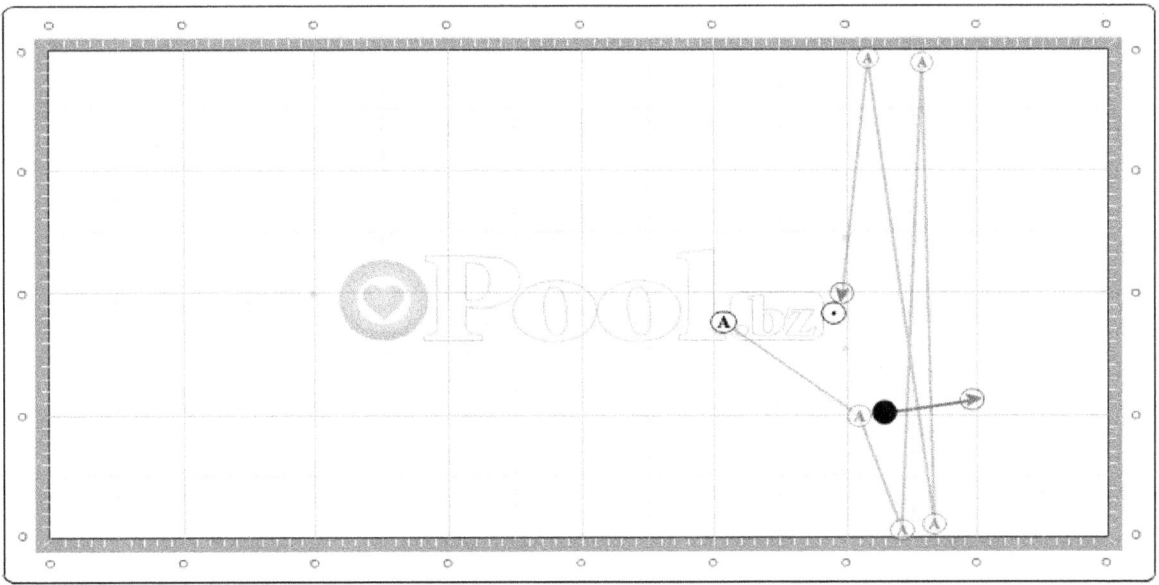

A:2d – Inrätta

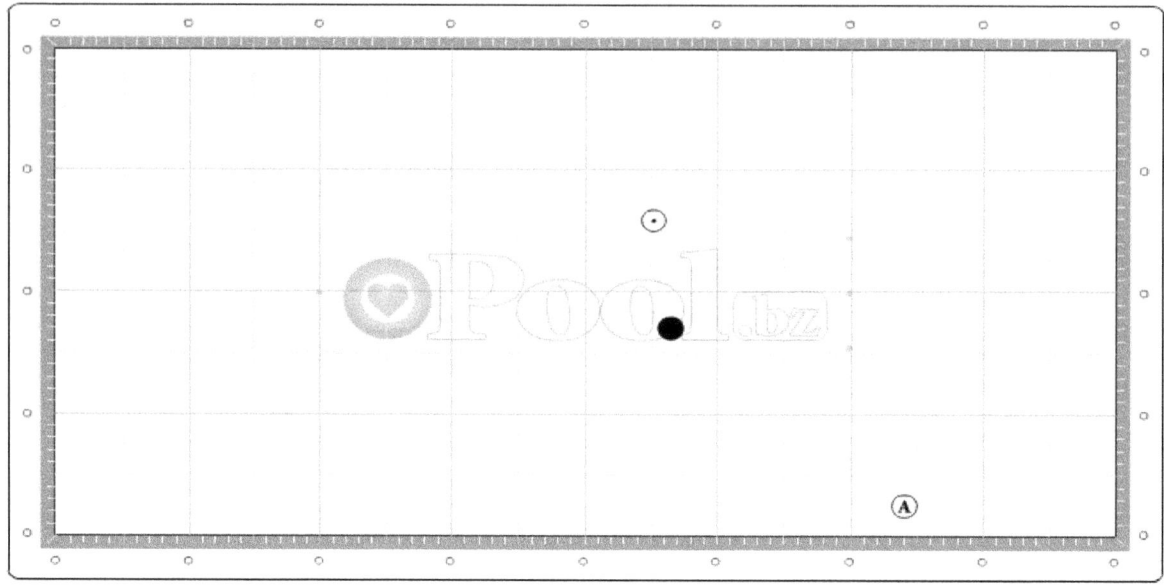

Anteckningar och idéer:

Skottmönster

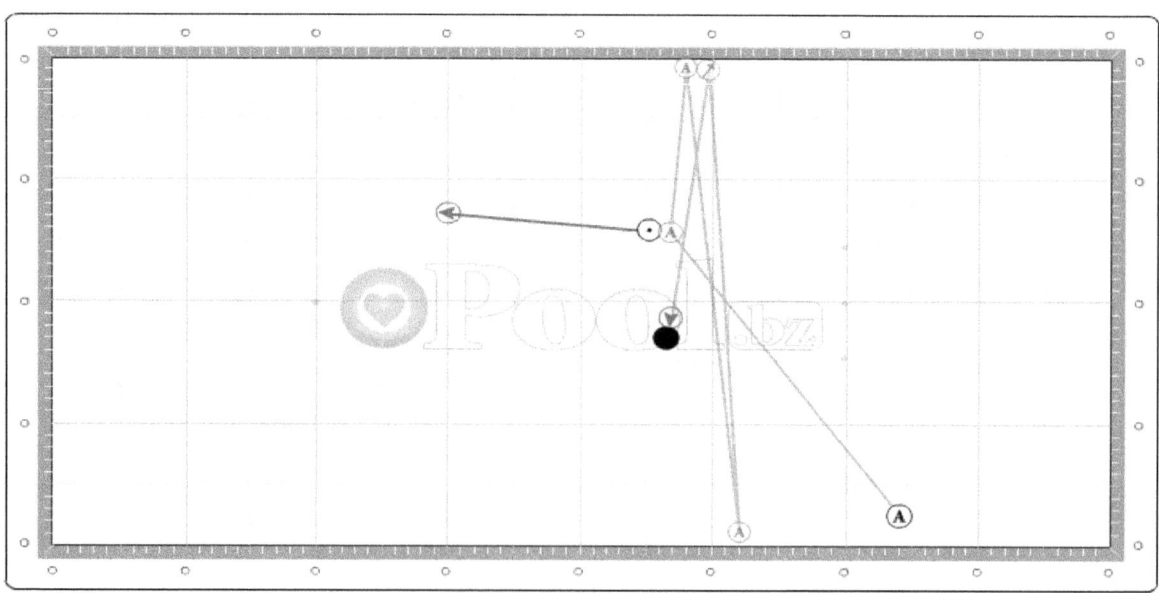

A: Grupp 3

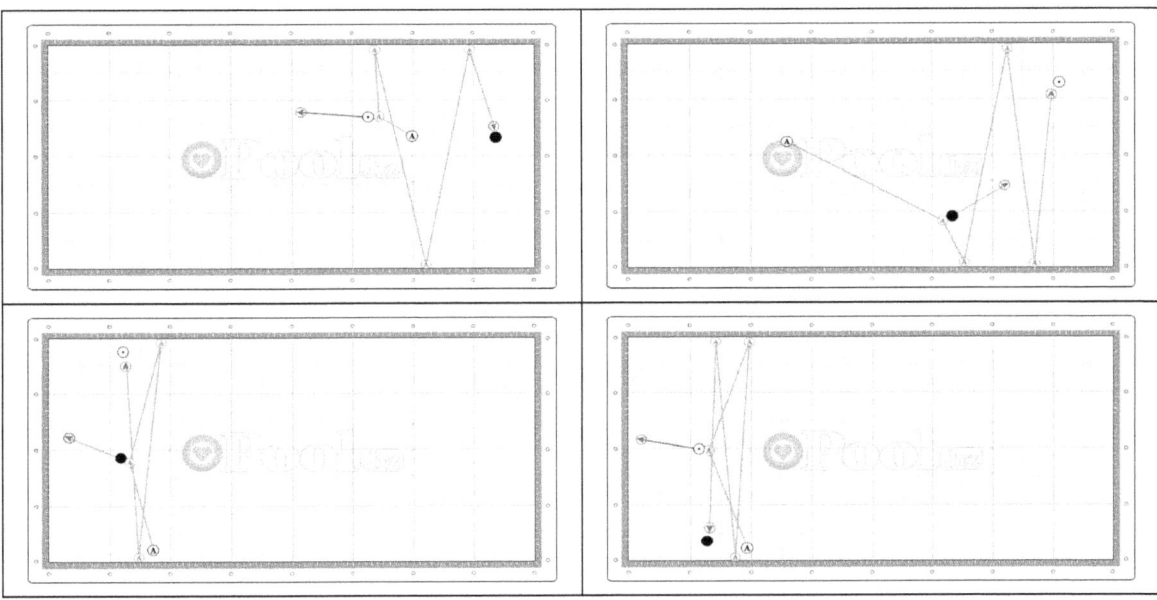

Analys:

A:3a. _____

A:3b. _____

A:3c. _____

A:3d. _____

A:3a – Inrätta

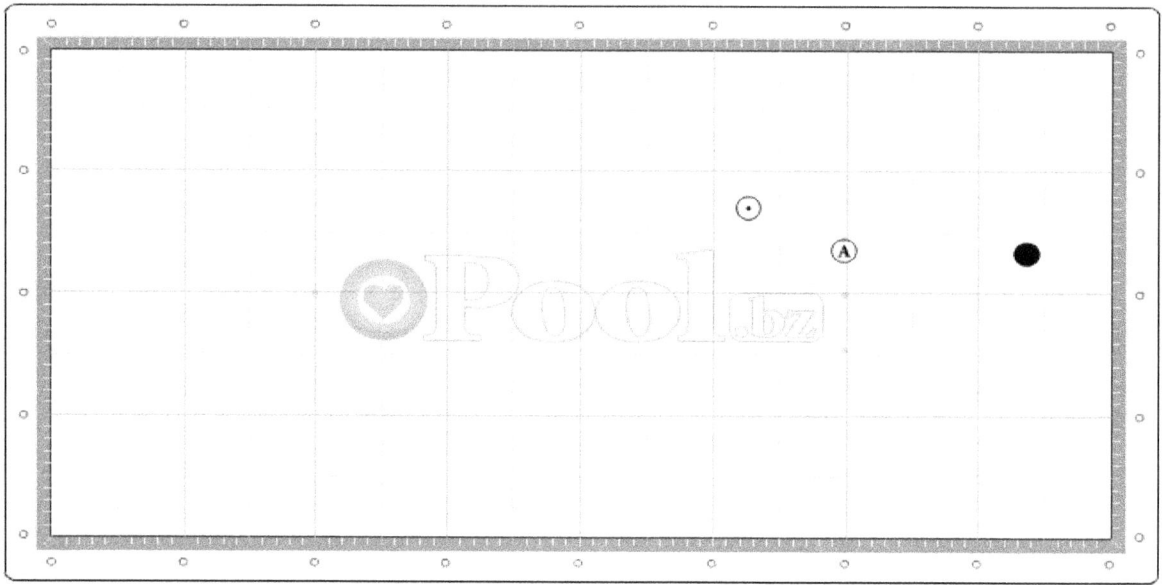

Anteckningar och idéer:

Skottmönster

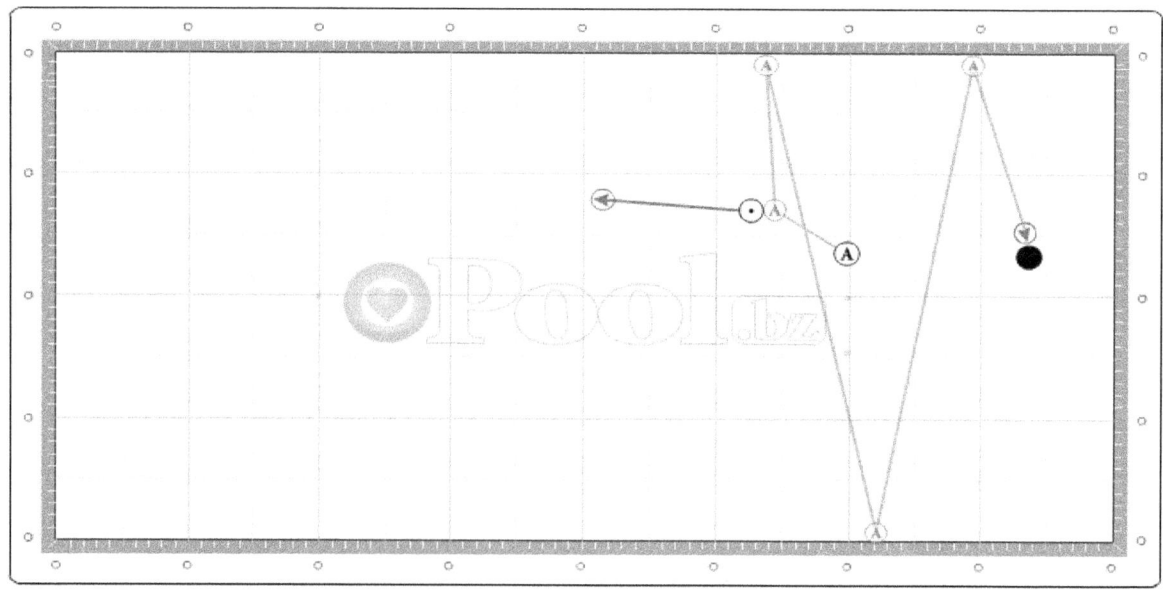

A:3b – Inrätta

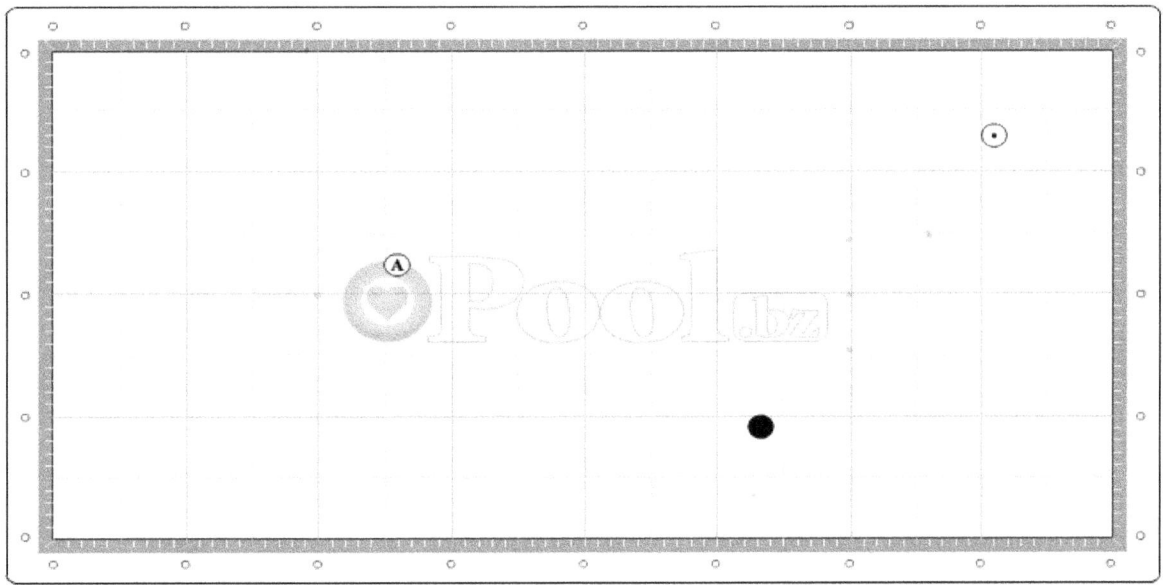

Anteckningar och idéer:

Skottmönster

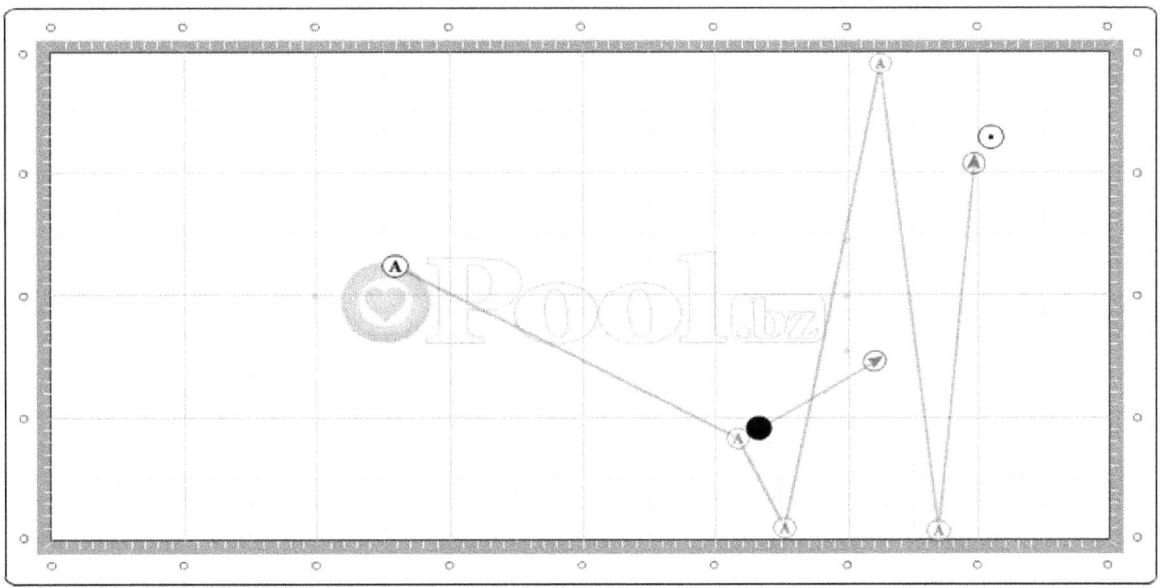

A:3c – Inrätta

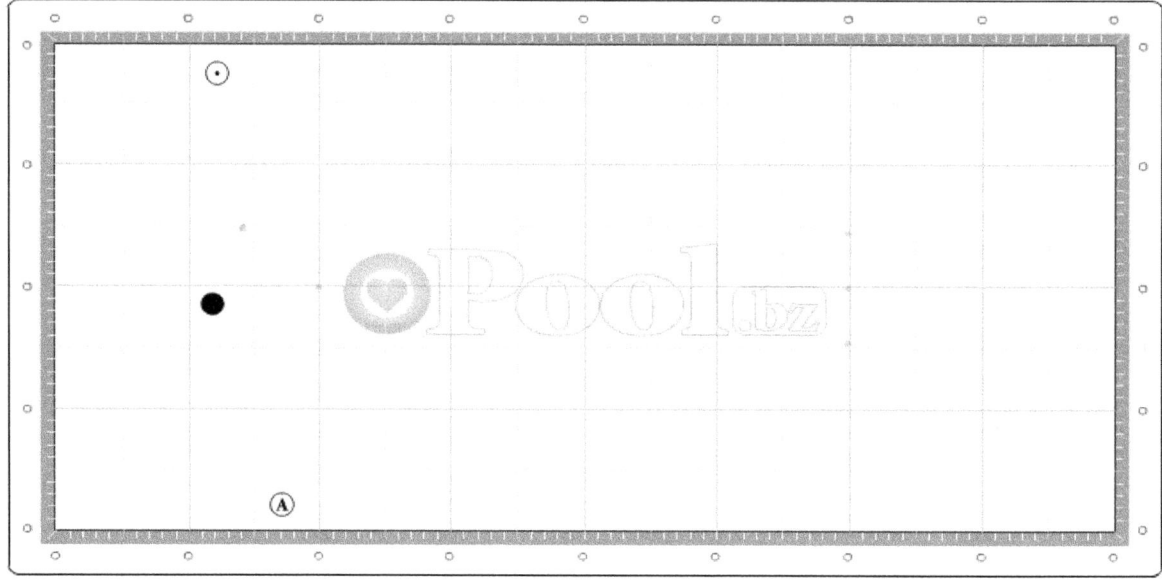

Anteckningar och idéer:

Skottmönster

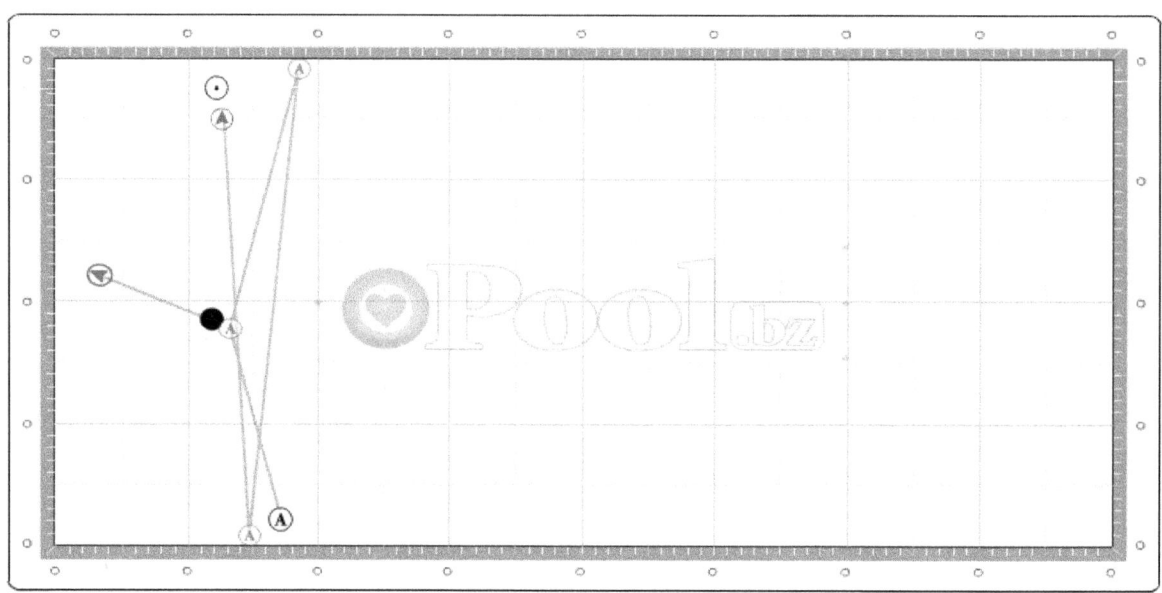

A:3d – Inrätta

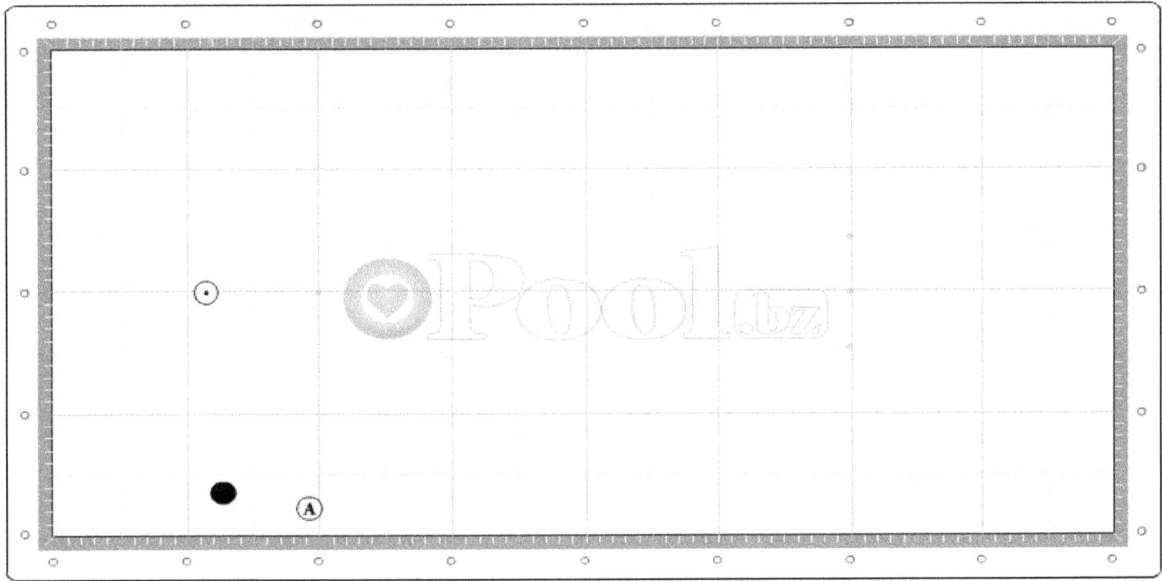

Anteckningar och idéer:

Skottmönster

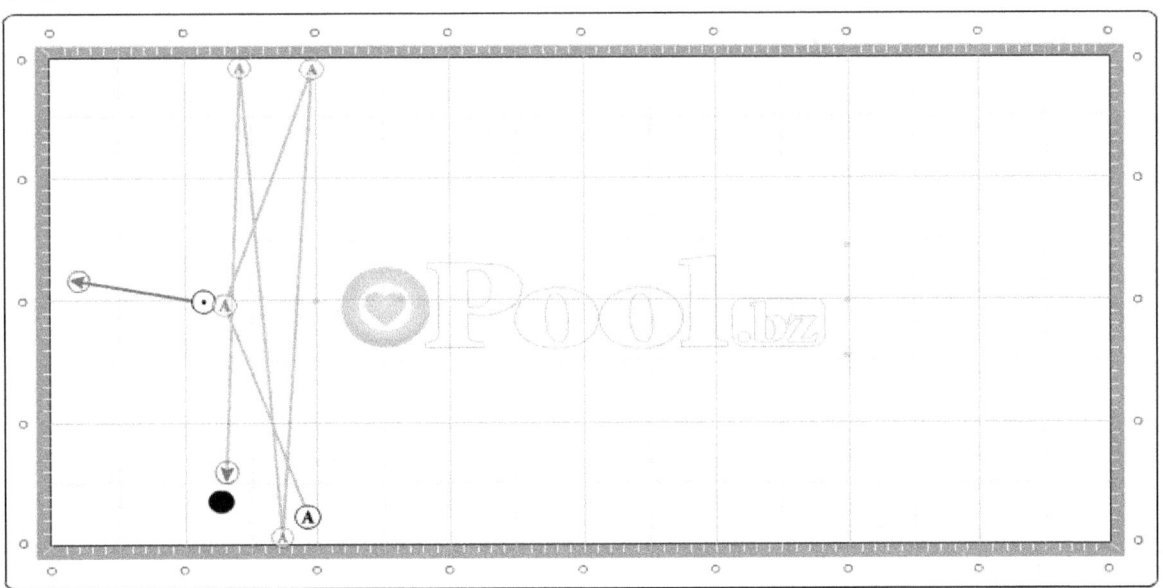

B: Miniatyr sida vid sida sicksack

Den (CB) kommer av den första (OB) och går sedan fram och tillbaka. Hela aktiviteten är i slutet av bordet.

(A) (CB) (din biljardboll) - ⊙ (OB) (motståndare biljardboll) - ● (OB) (röd biljardboll)

B: Grupp 1

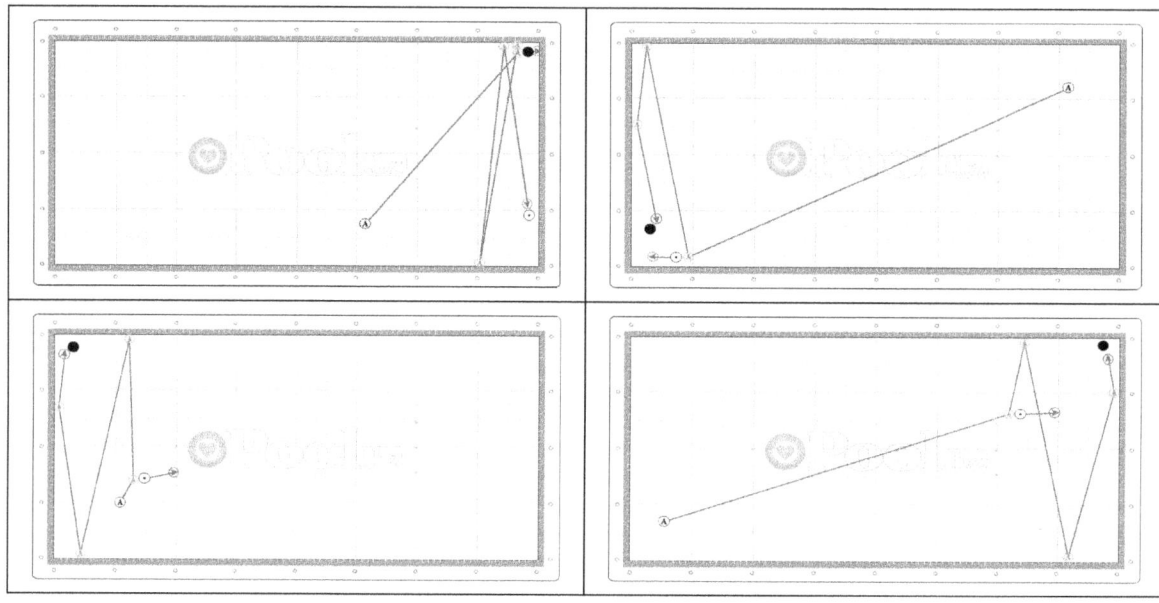

Analys:

B:1a. _____

B:1b. _____

B:1c. _____

B:1d. _____

B:1a – Inrätta

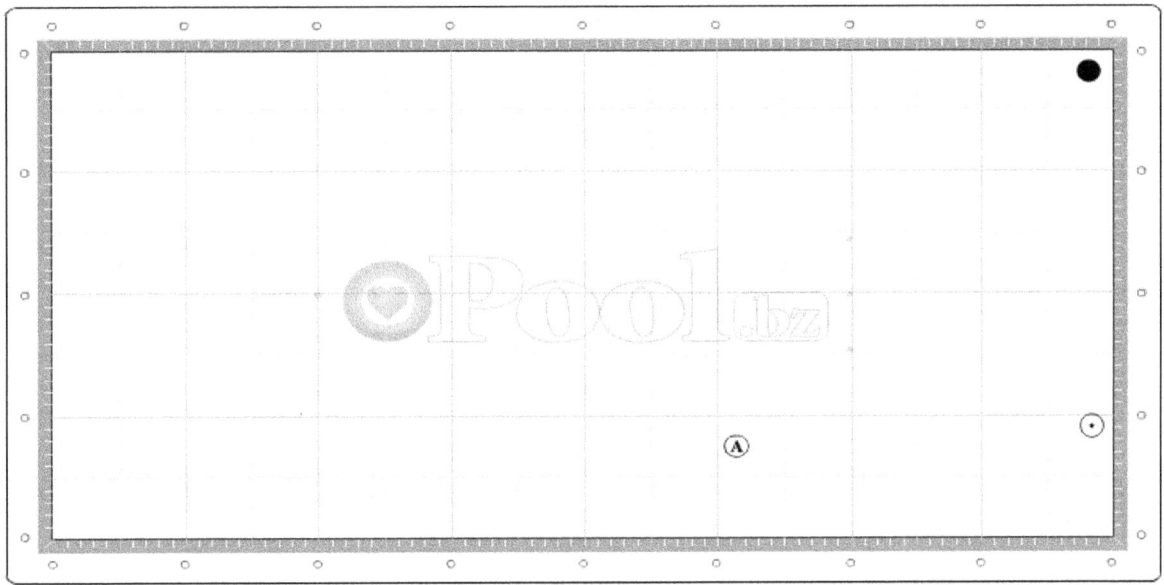

Anteckningar och idéer:

Skottmönster

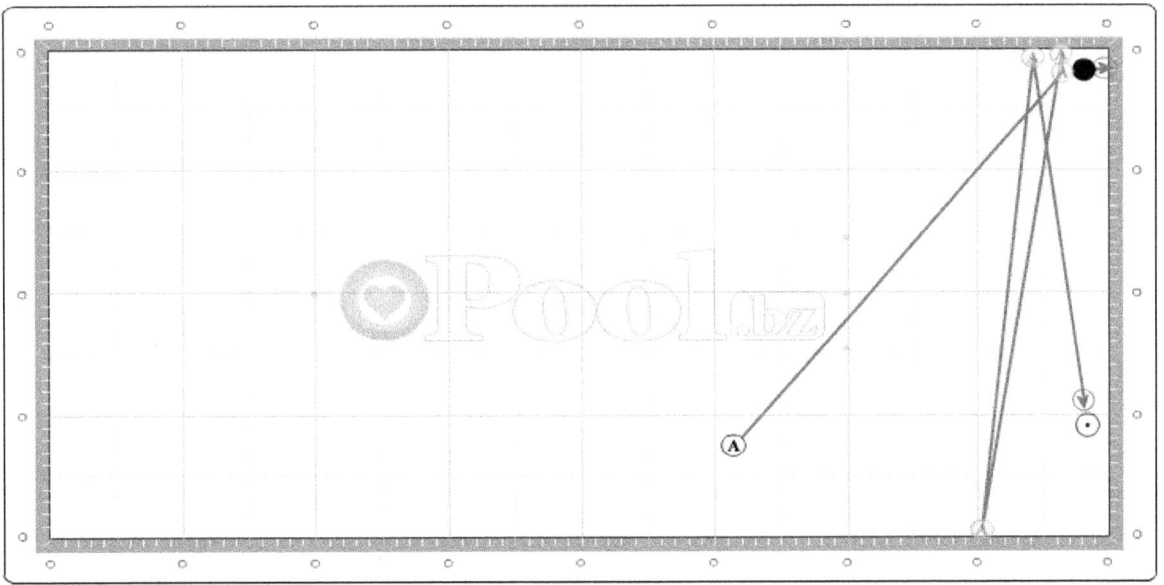

B:1b – Inrätta

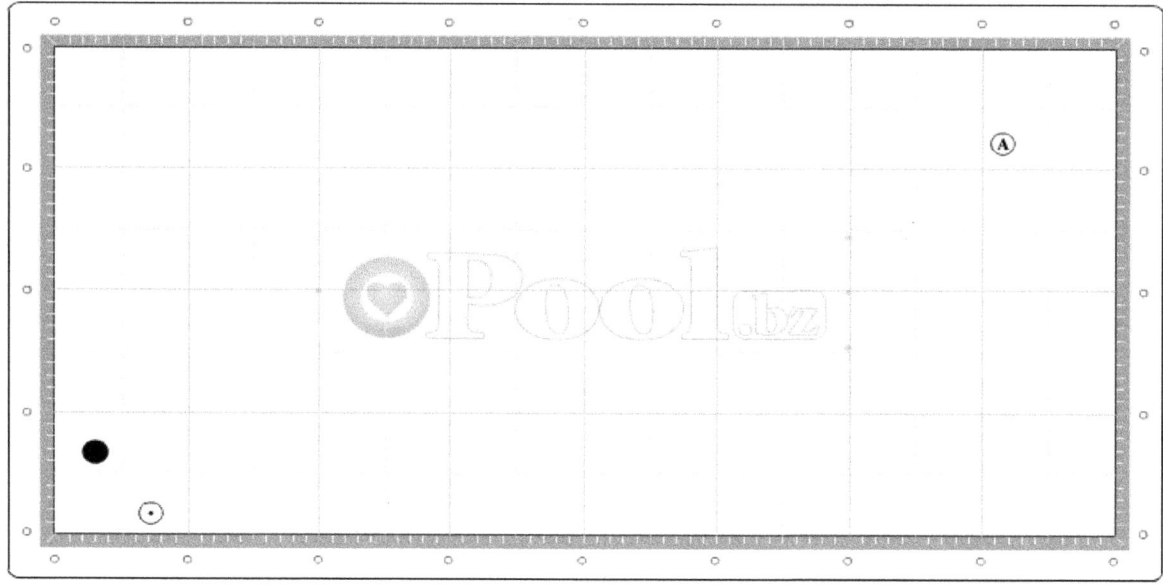

Anteckningar och idéer:

Skottmönster

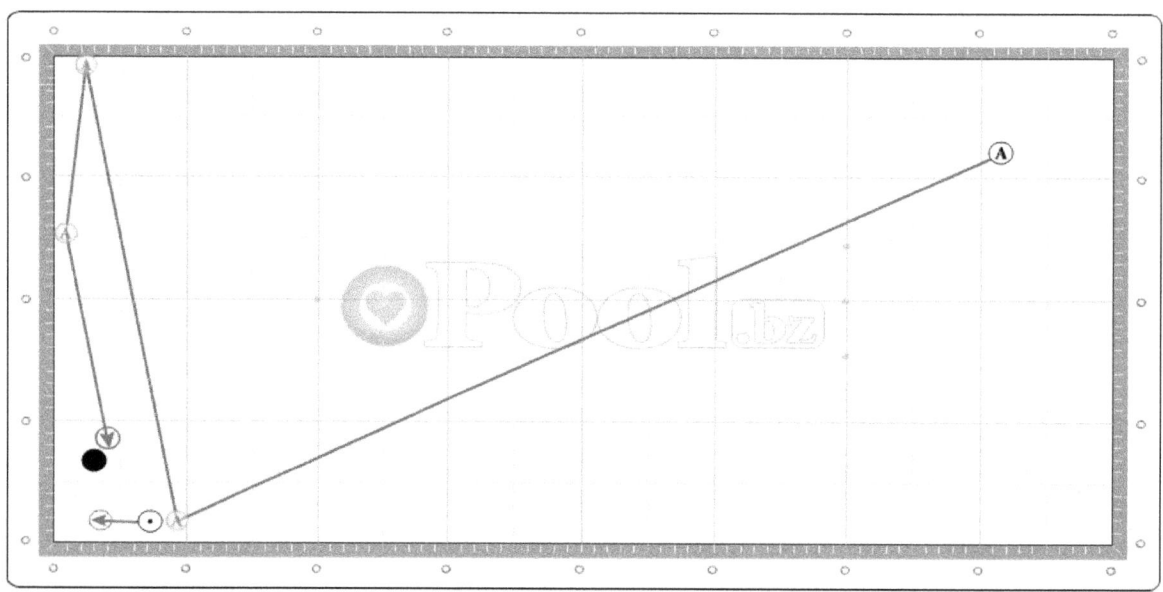

B:1c – Inrätta

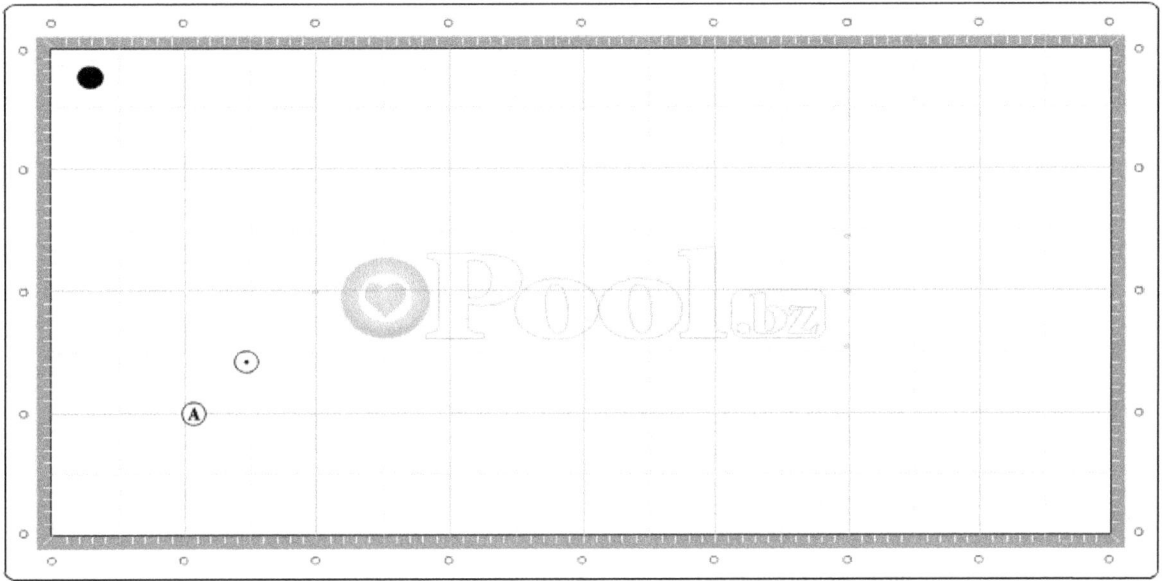

Anteckningar och idéer:

Skottmönster

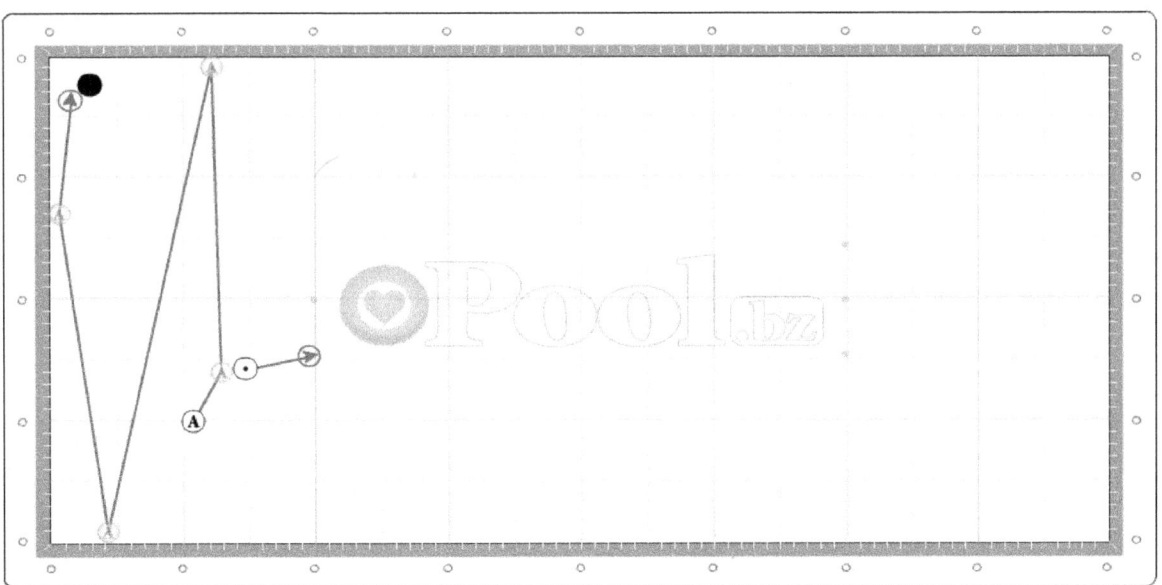

B:1d – Inrätta

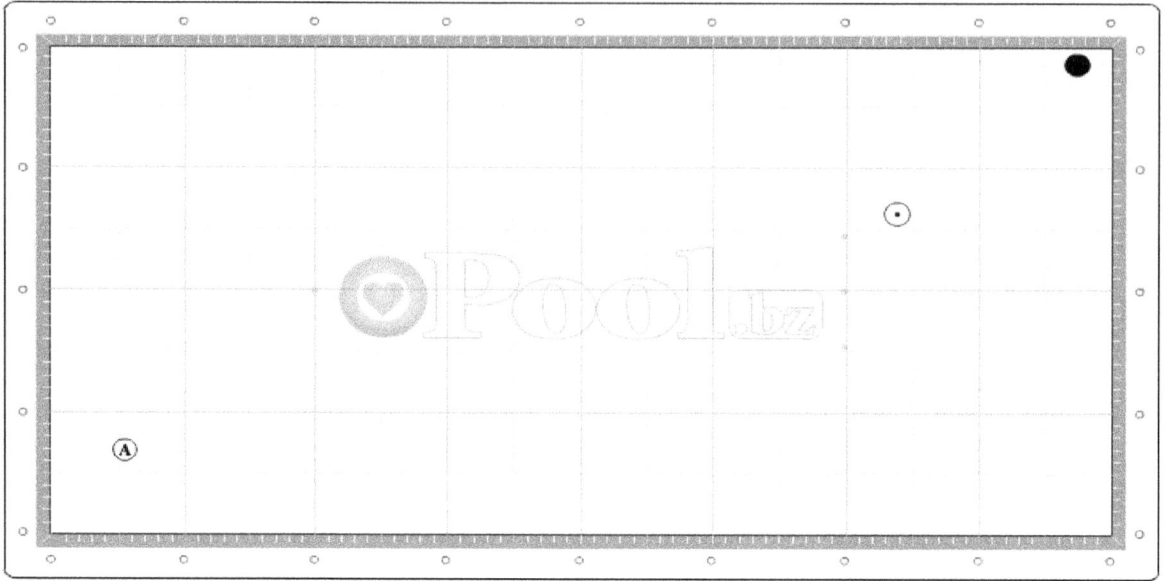

Anteckningar och idéer:

Skottmönster

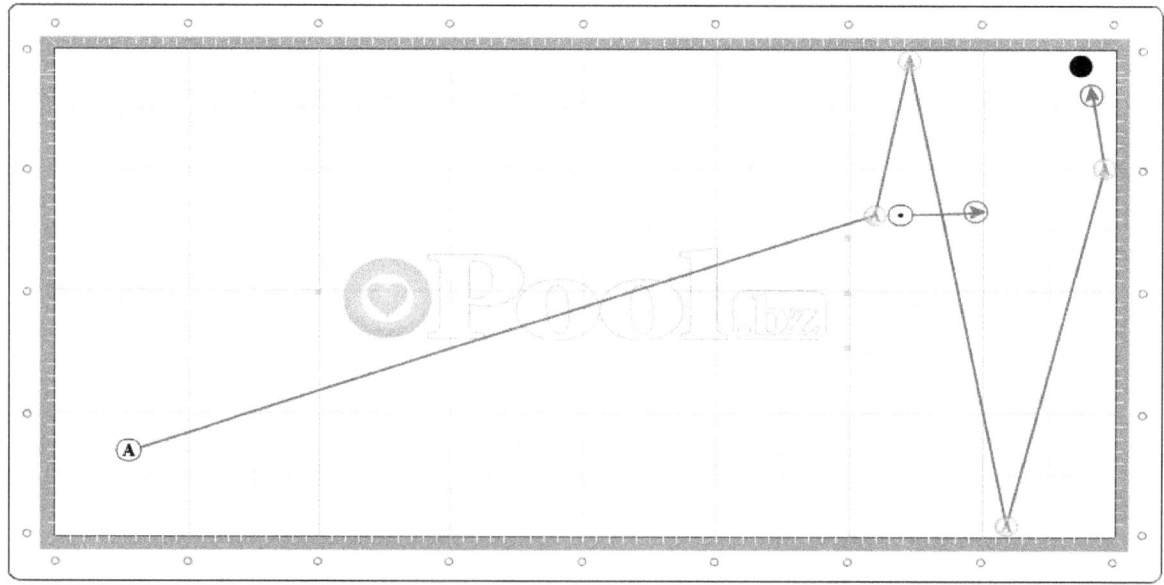

B: Grupp 2

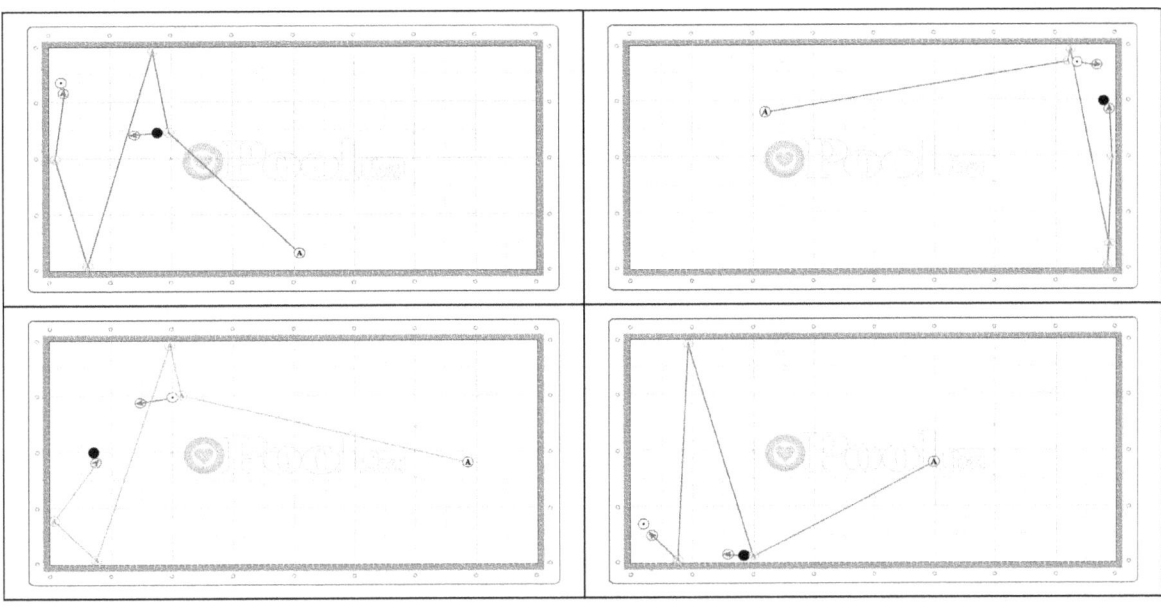

Analys:

B:2a. _____

B:2b. _____

B:2c. _____

B:2d. _____

B:2a – Inrätta

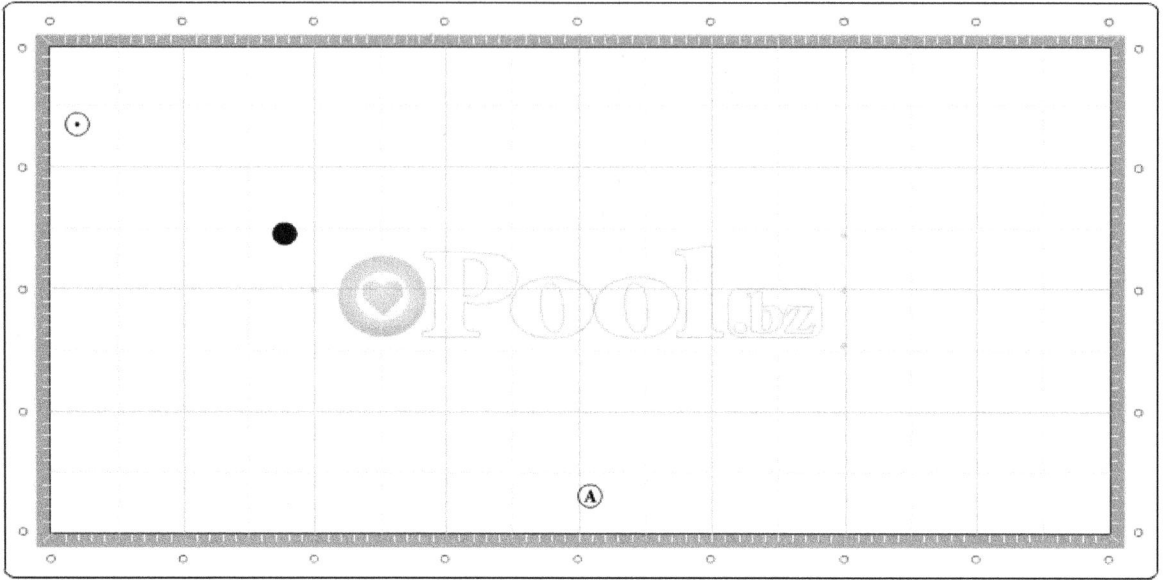

Anteckningar och idéer:

Skottmönster

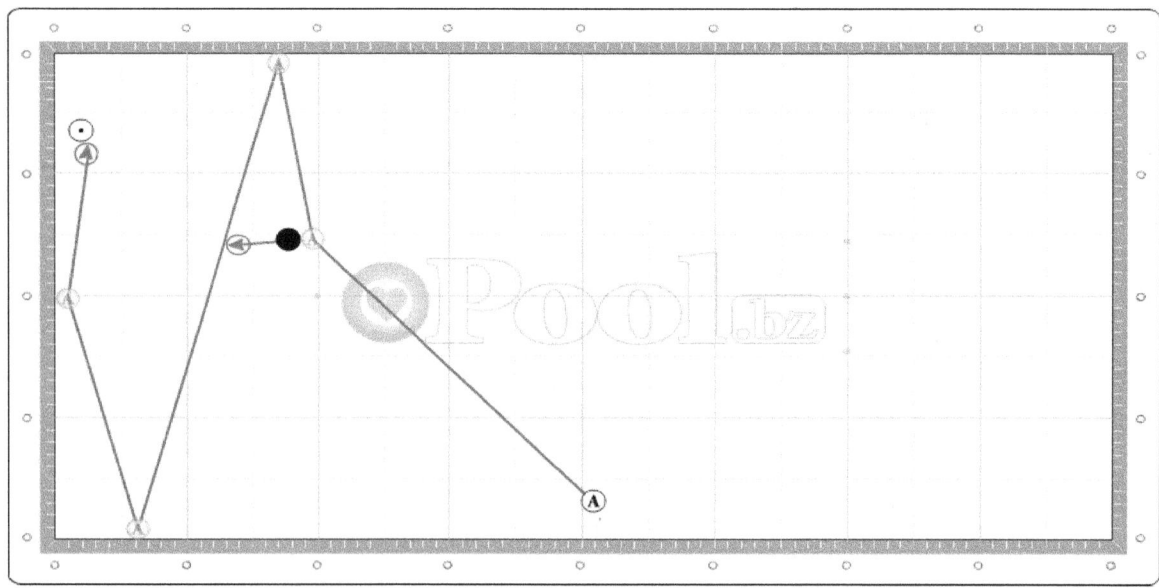

B:2b – Inrätta

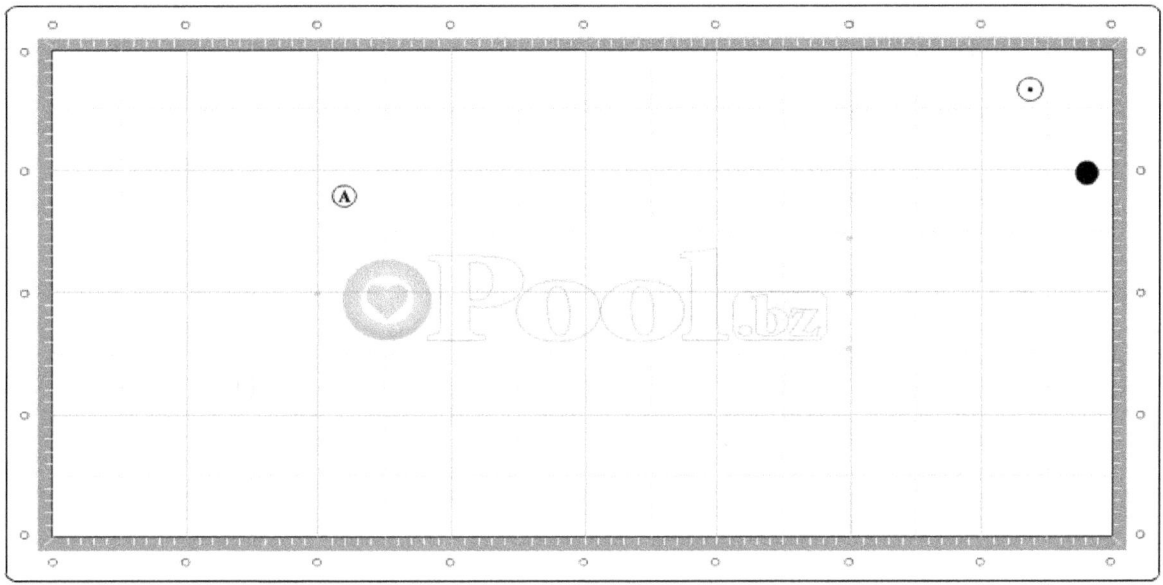

Anteckningar och idéer:

Skottmönster

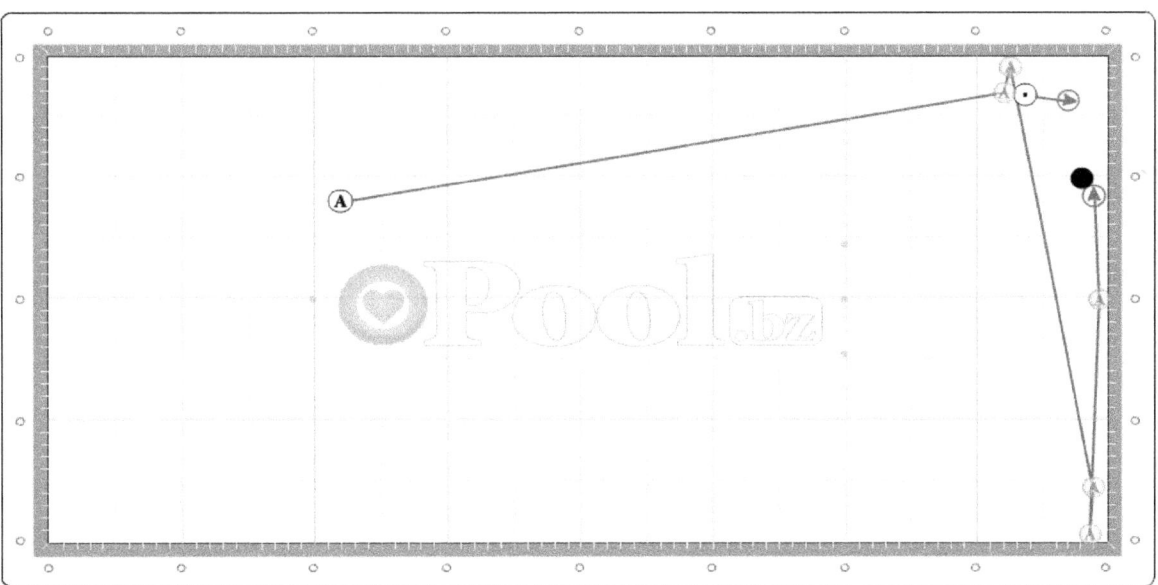

B:2c – Inrätta

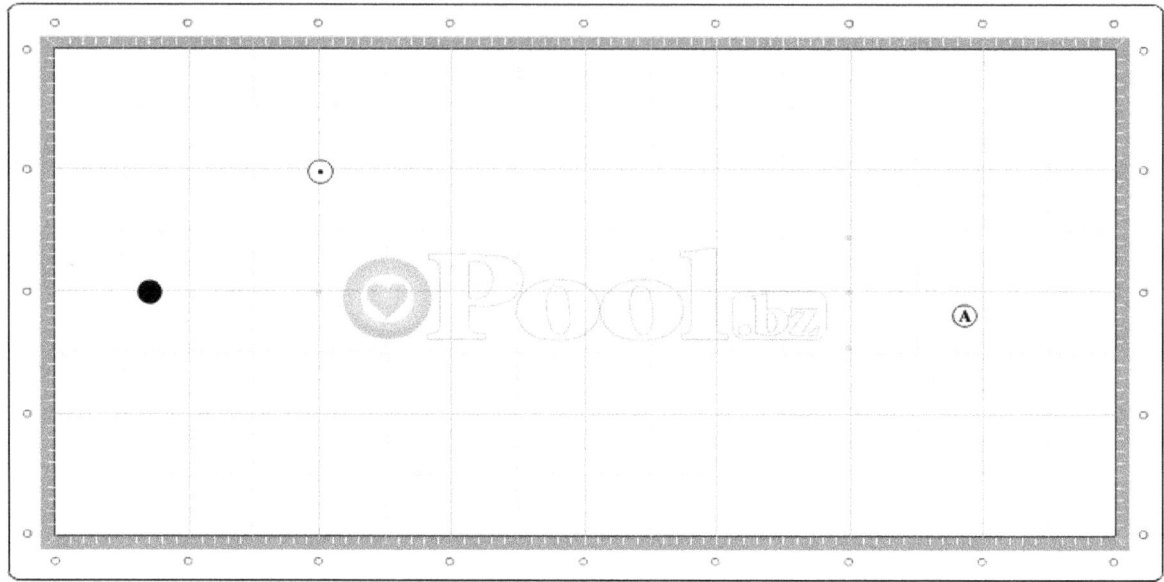

Anteckningar och idéer:

Skottmönster

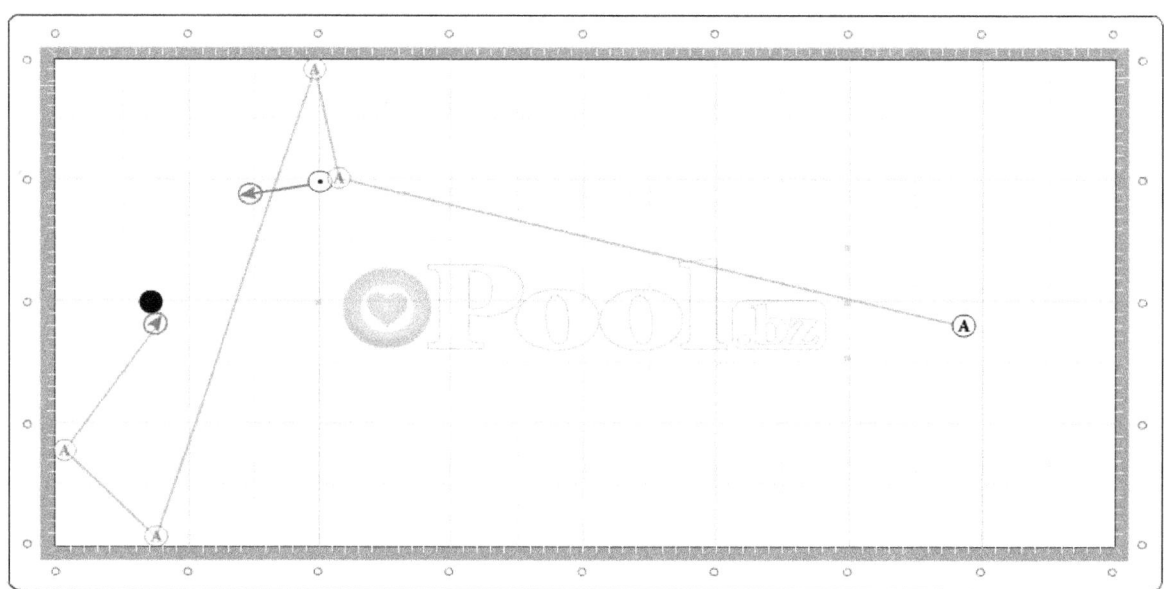

B:2d – Inrätta

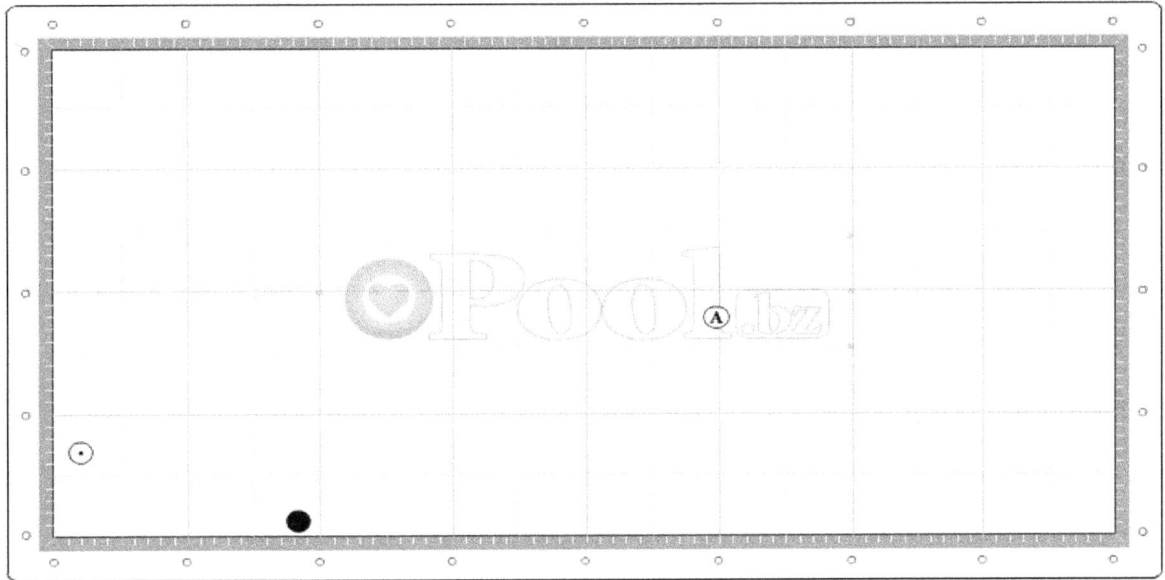

Anteckningar och idéer:

Skottmönster

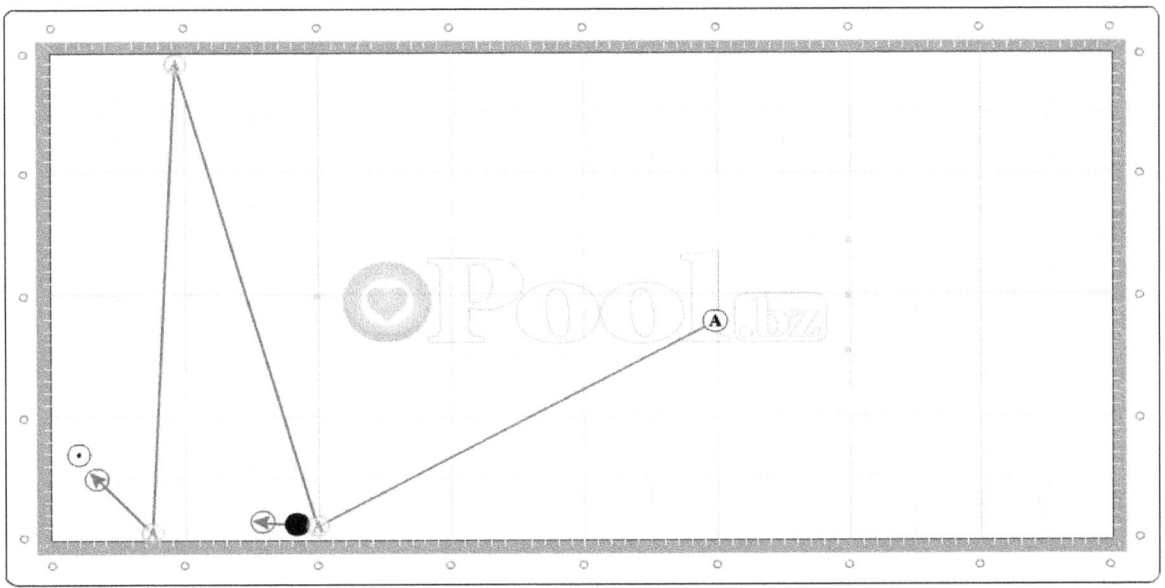

B: Grupp 3

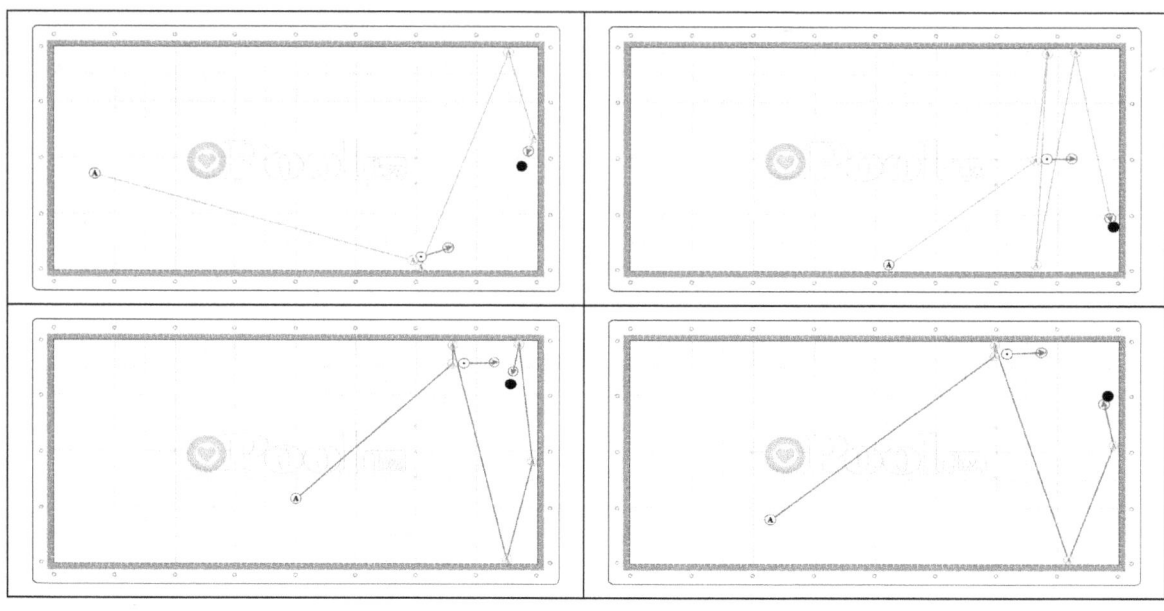

Analys:

B:3a. _____

B:3b. _____

B:3c. _____

B:3d. _____

B:3a – Inrätta

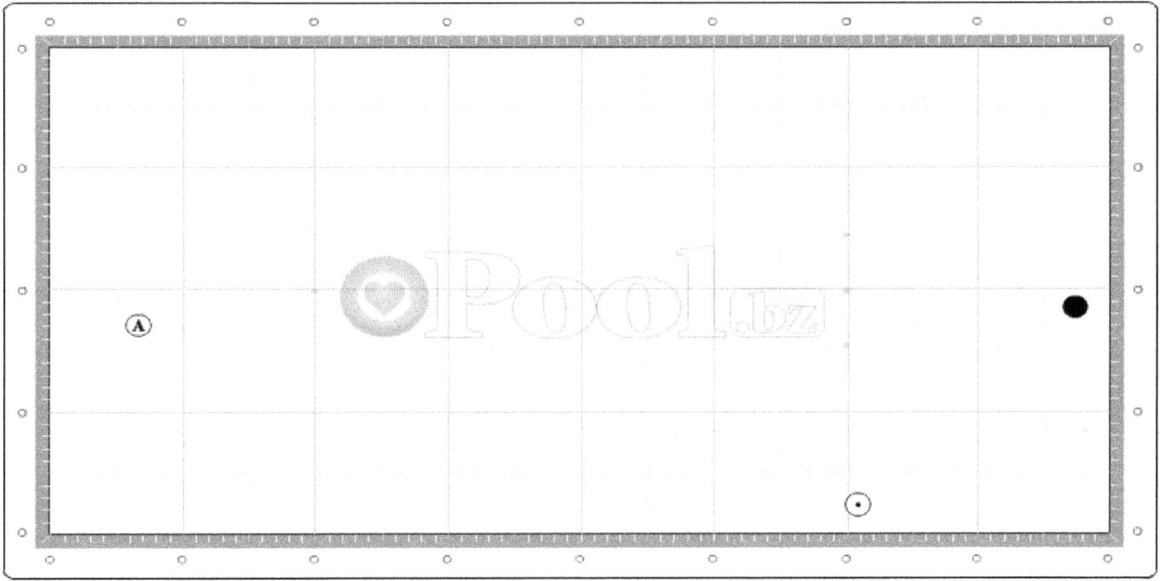

Anteckningar och idéer:

Skottmönster

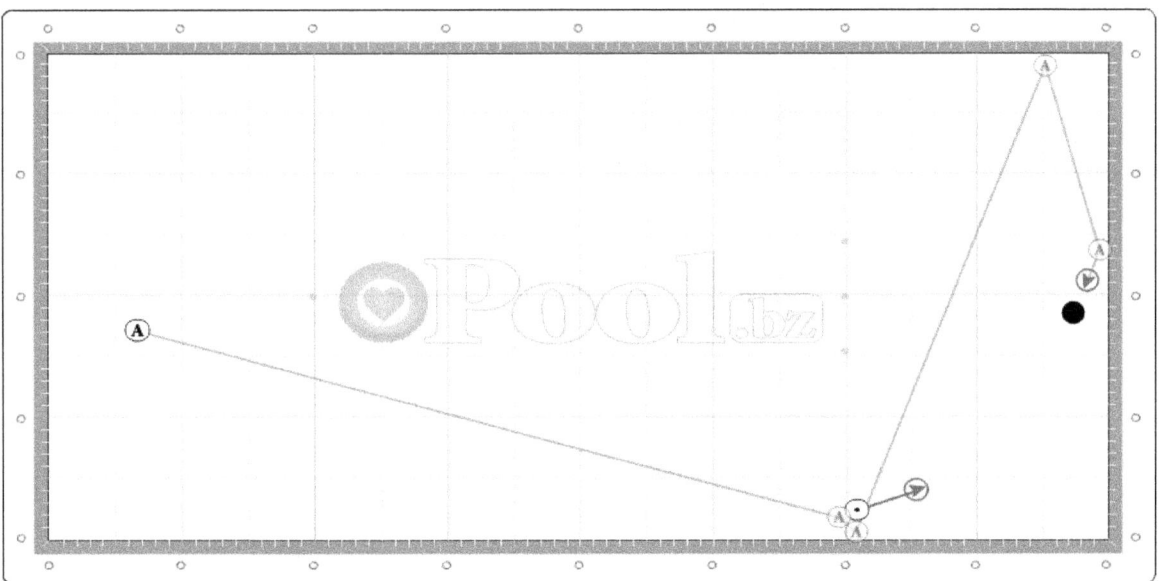

B:3b – Inrätta

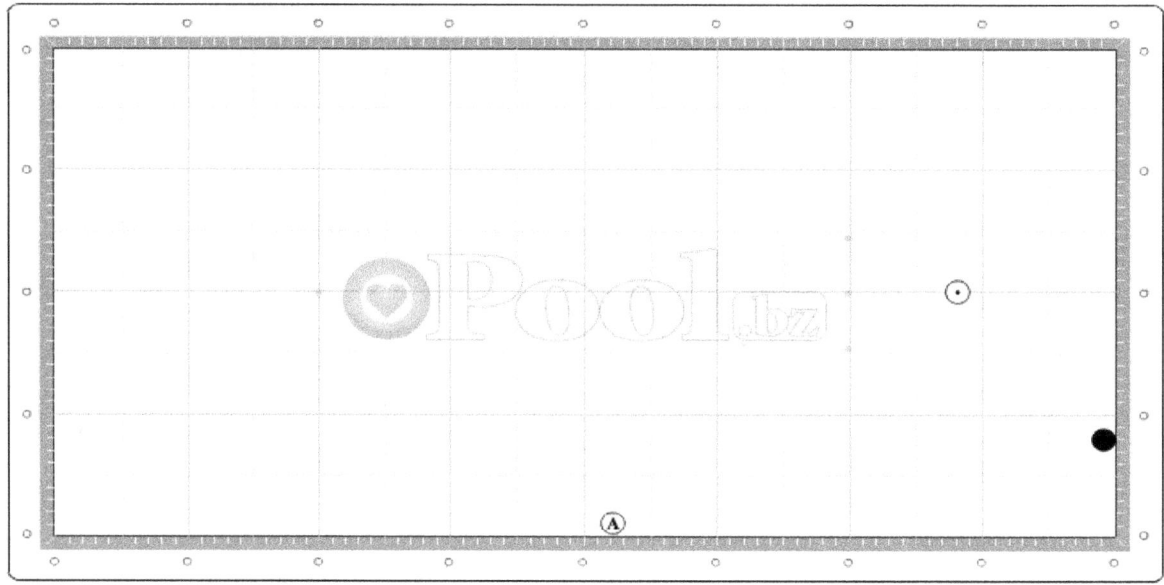

Anteckningar och idéer:

Skottmönster

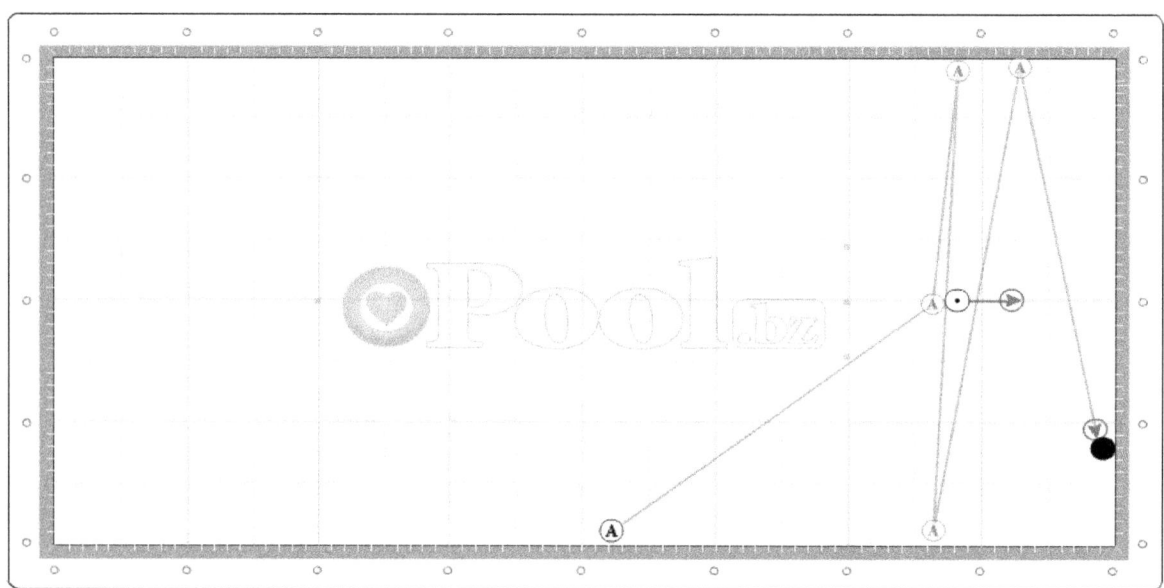

B:3c – Inrätta

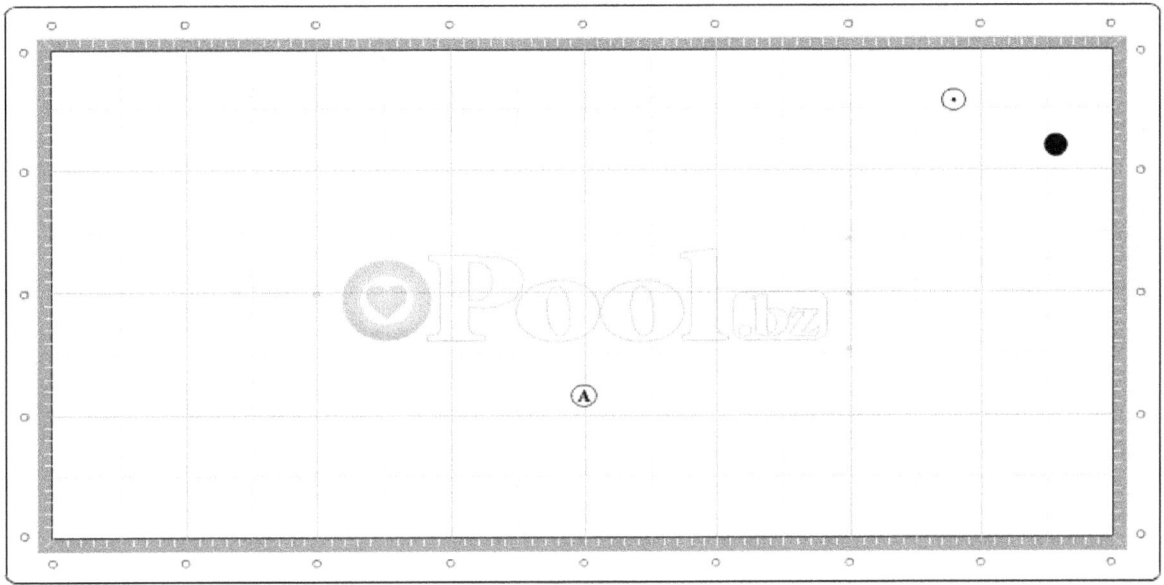

Anteckningar och idéer:

Skottmönster

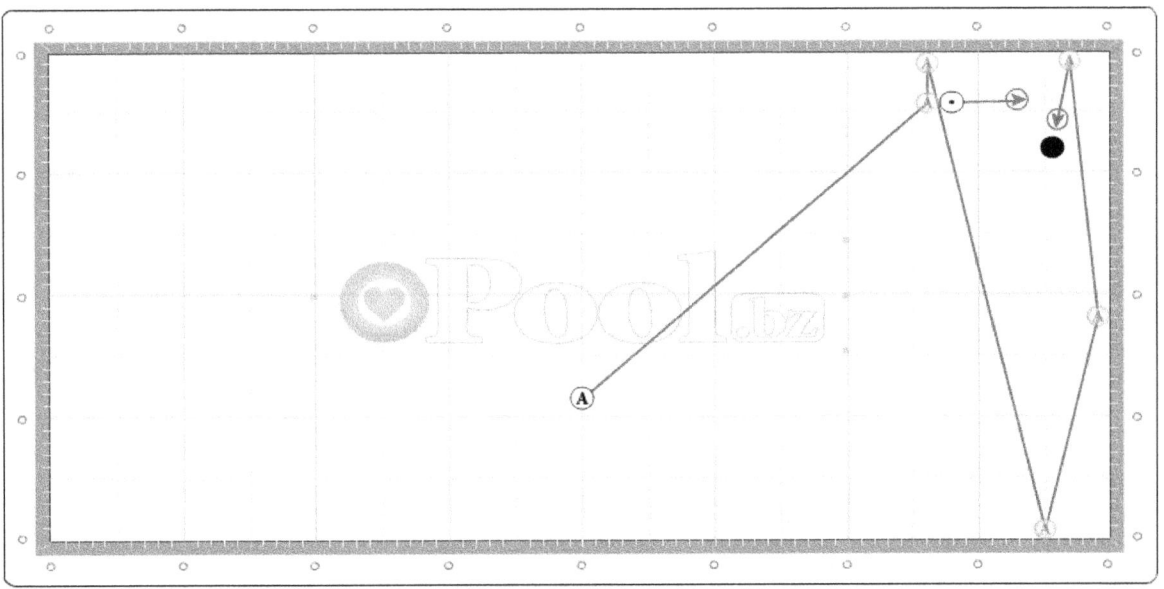

B:3d – Inrätta

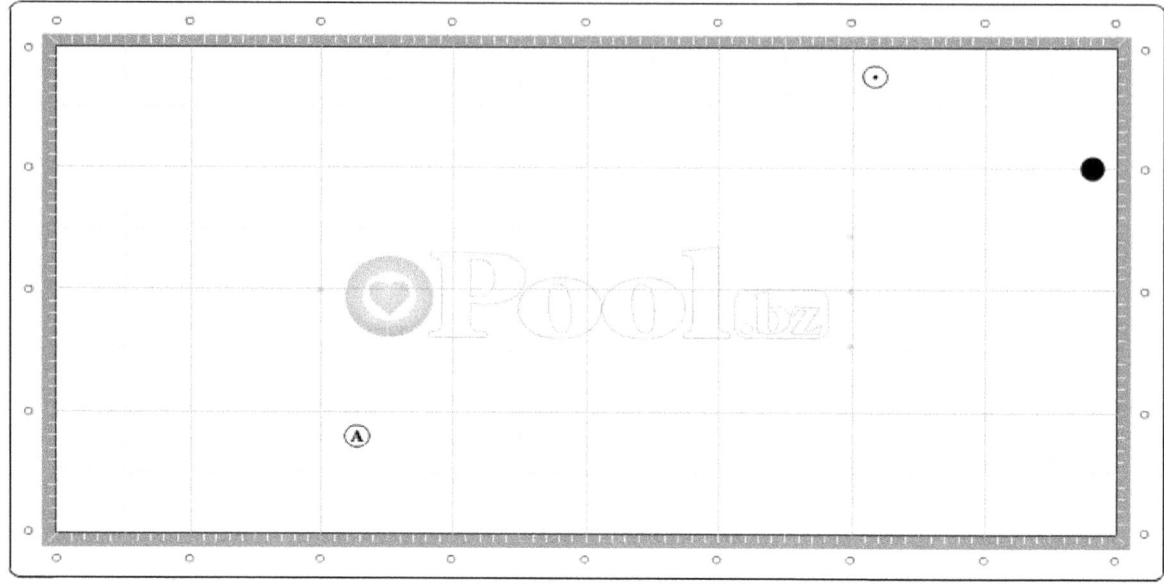

Anteckningar och idéer:

Skottmönster

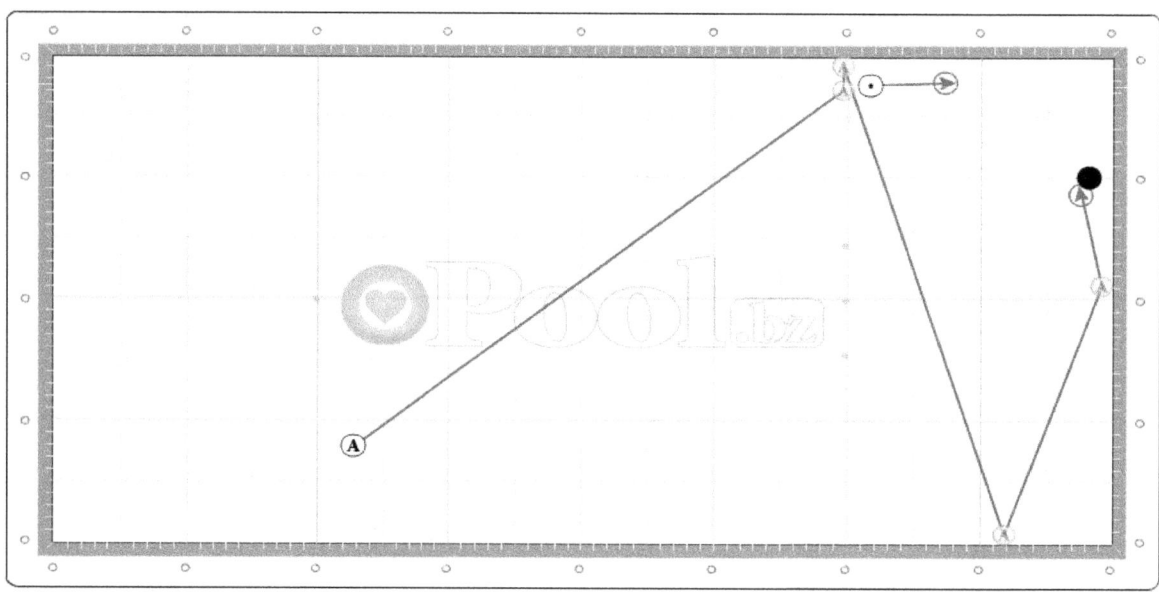

B: Grupp 4

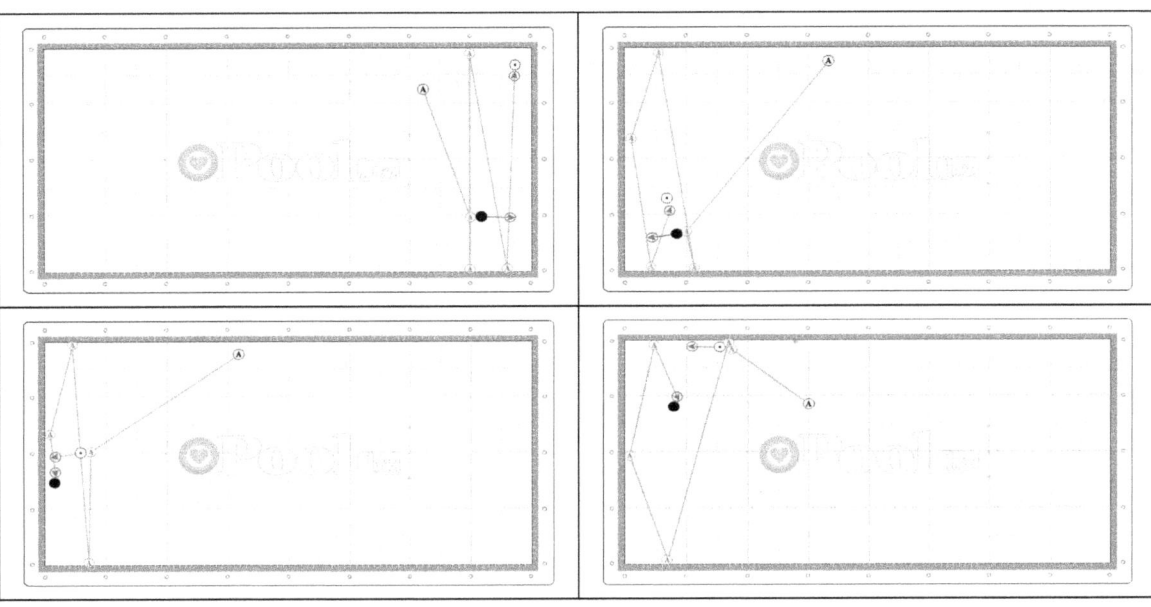

Analys:

B:4a. _____

B:4b. _____

B:4c. _____

B:4d. _____

B:4a – Inrätta

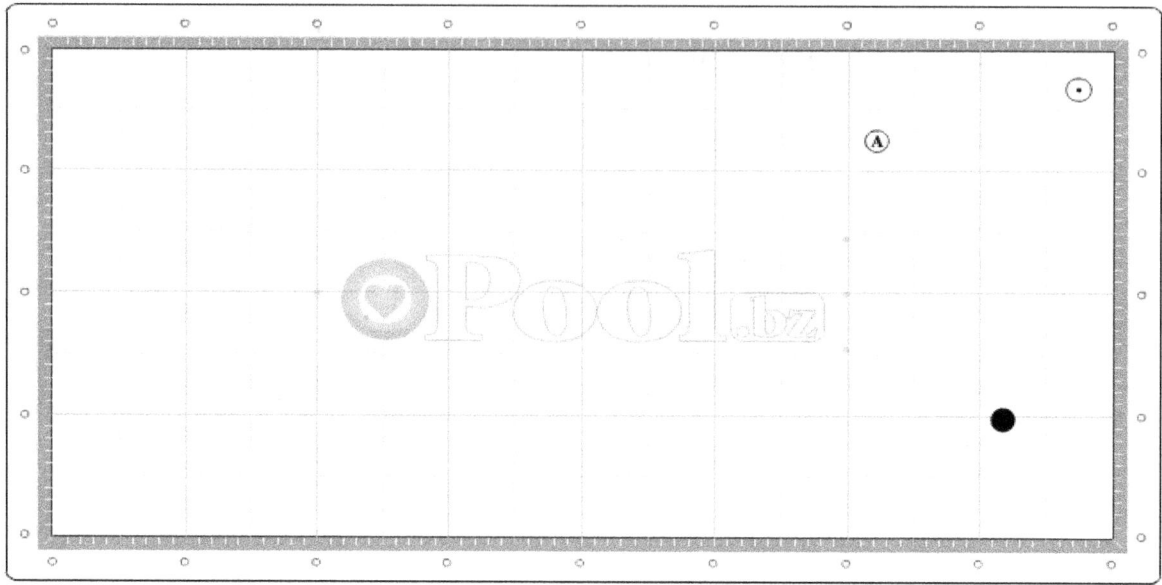

Anteckningar och idéer:

Skottmönster

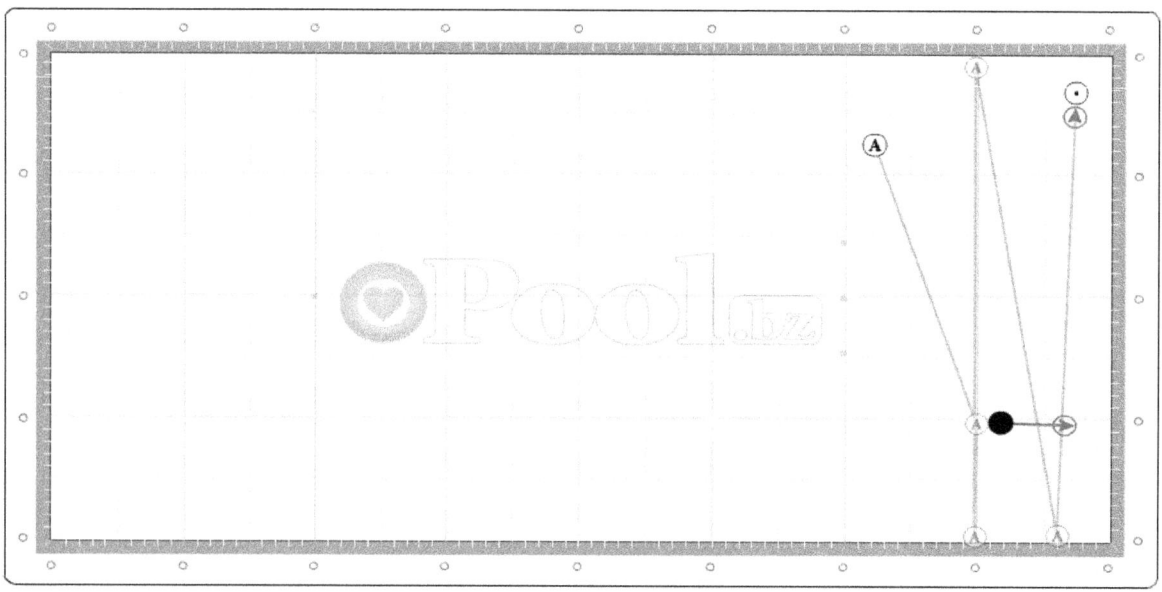

B:4b – Inrätta

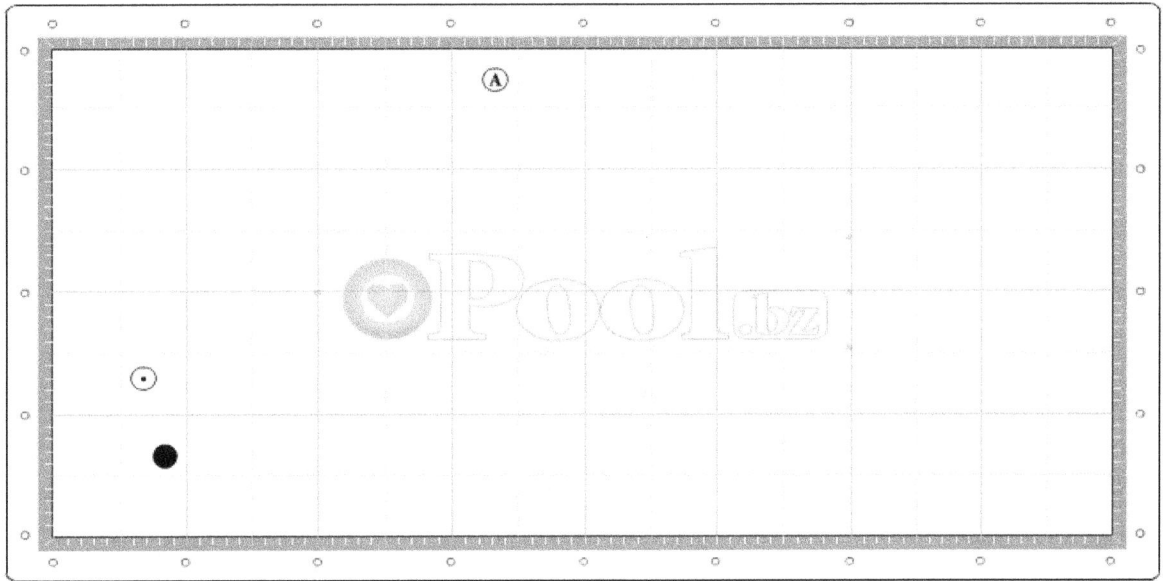

Anteckningar och idéer:

Skottmönster

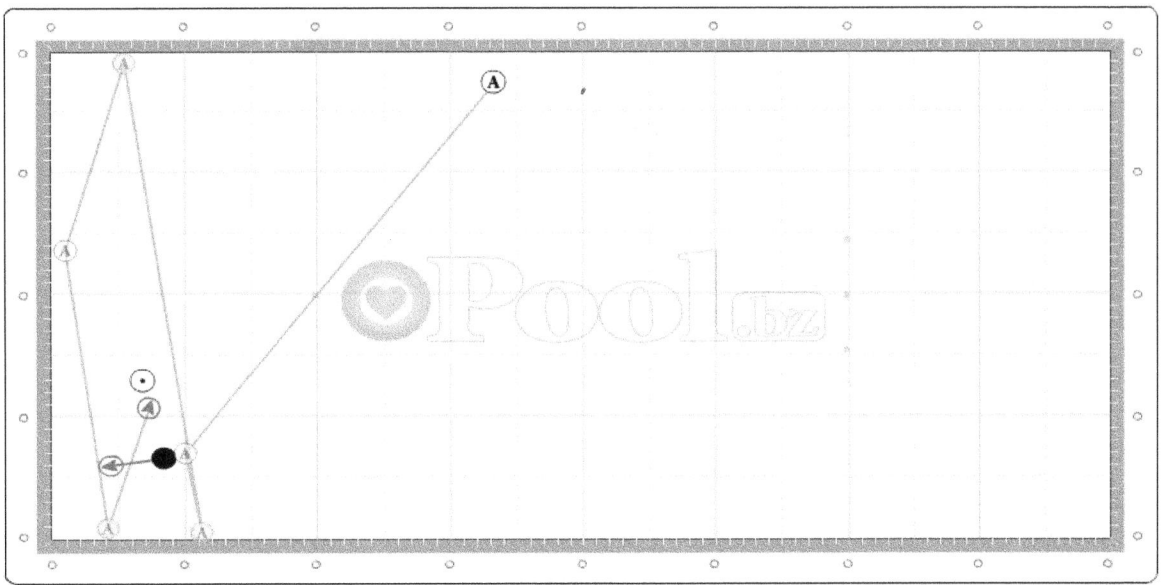

B:4c – Inrätta

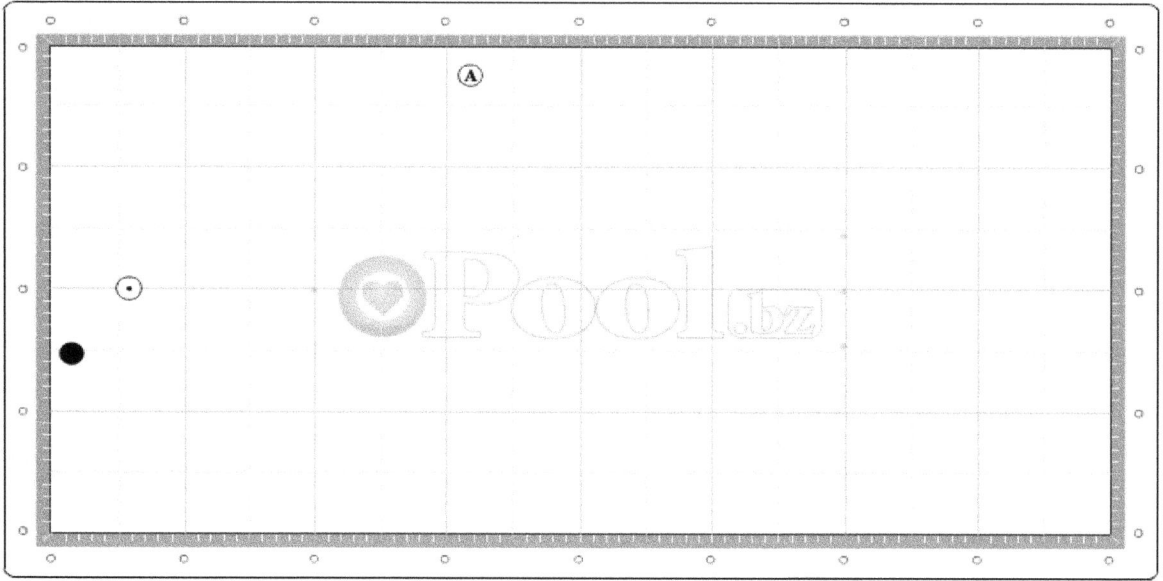

Anteckningar och idéer:

Skottmönster

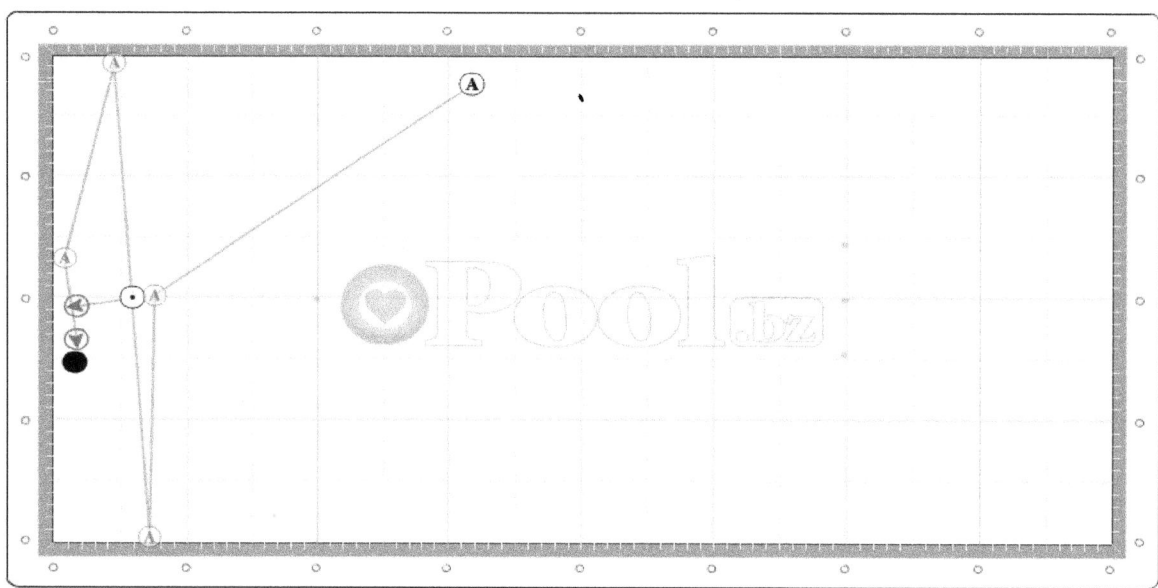

B:4d – Inrätta

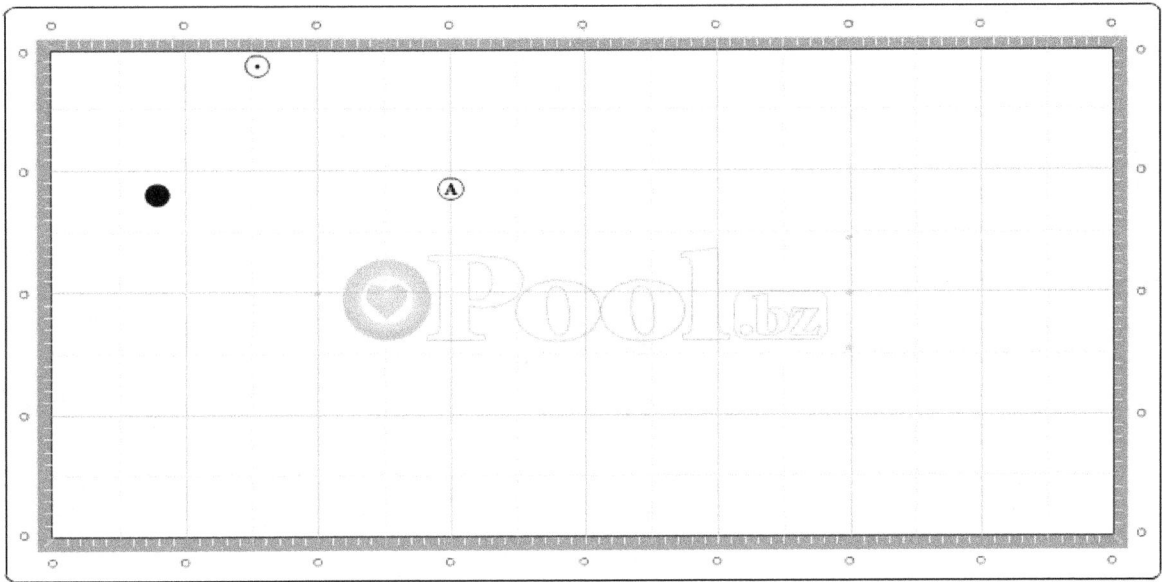

Anteckningar och idéer:

Skottmönster

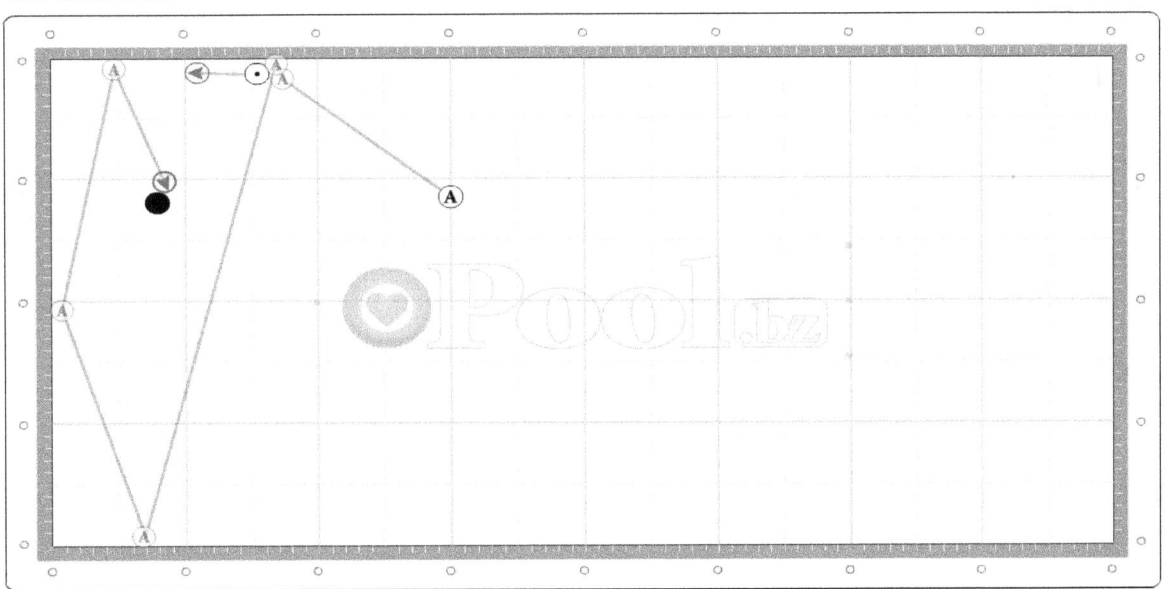

B: Grupp 5

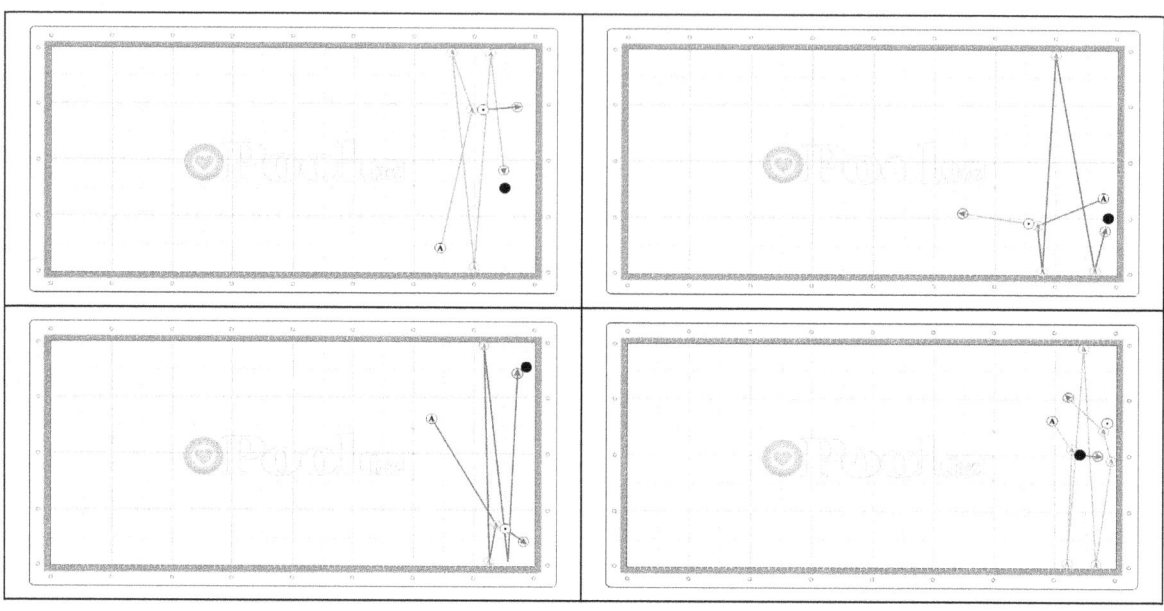

Analys:

B:5a. _____

B:5b. _____

B:5c. _____

B:5d. _____

B:5a – Inrätta

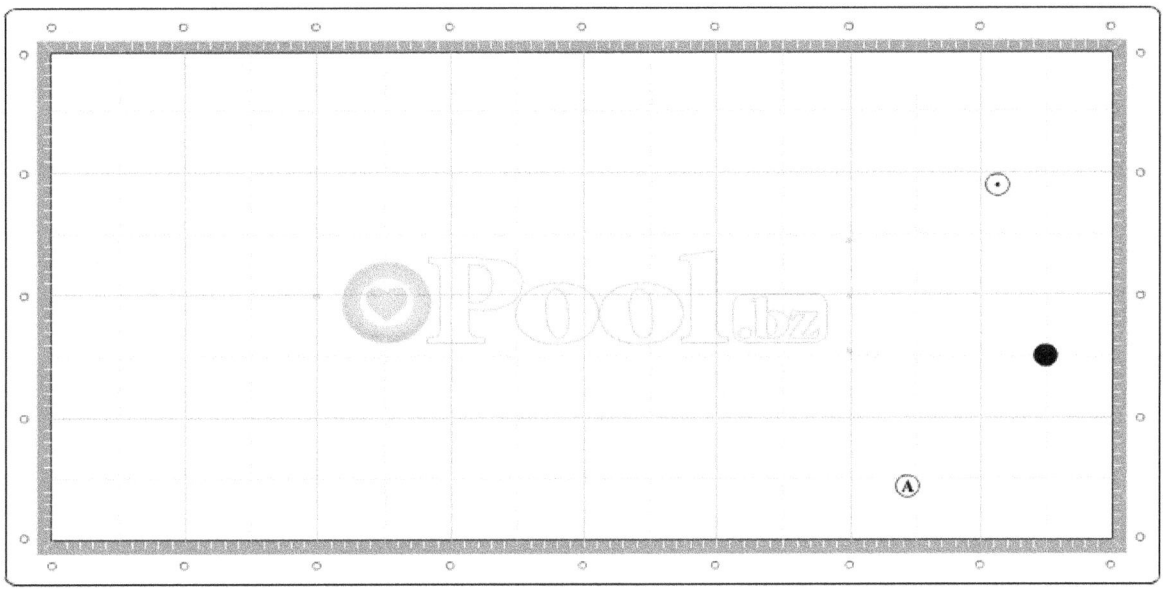

Anteckningar och idéer:

Skottmönster

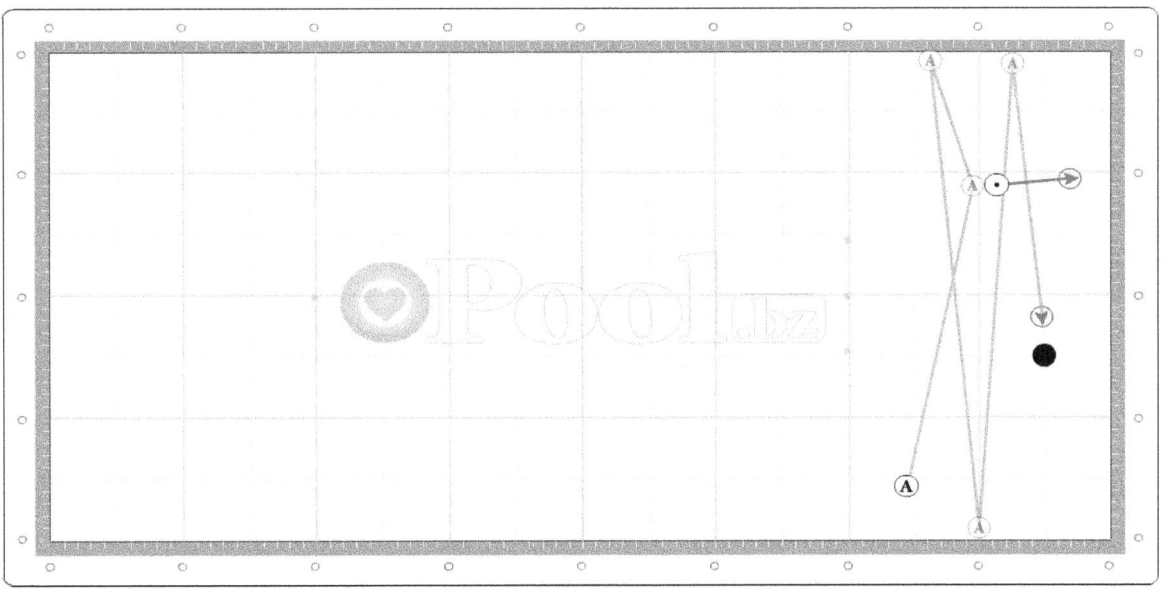

B:5b – Inrätta

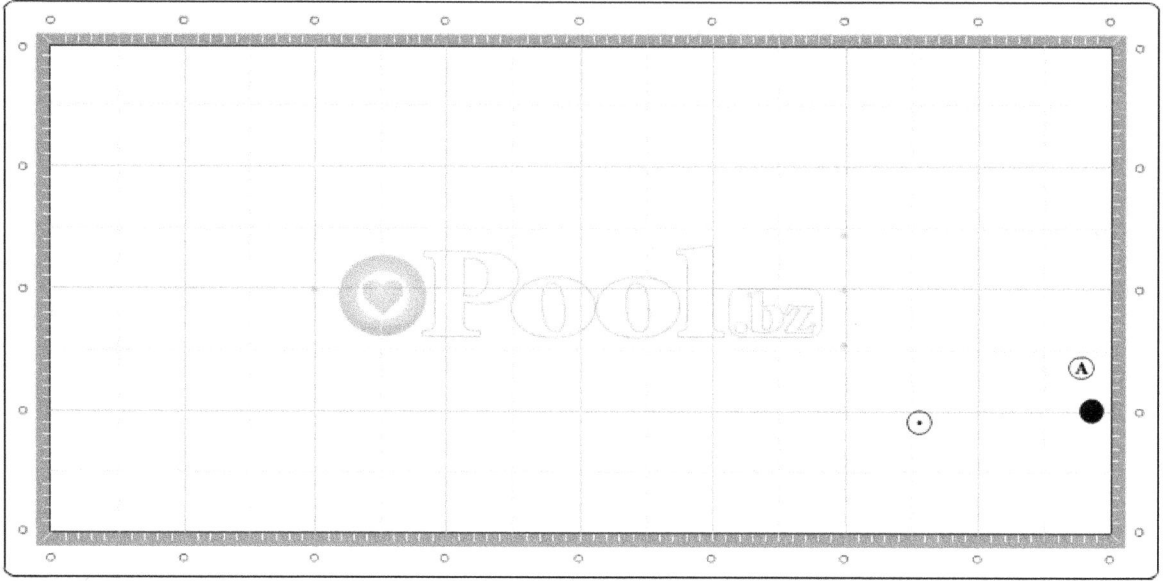

Anteckningar och idéer:

Skottmönster

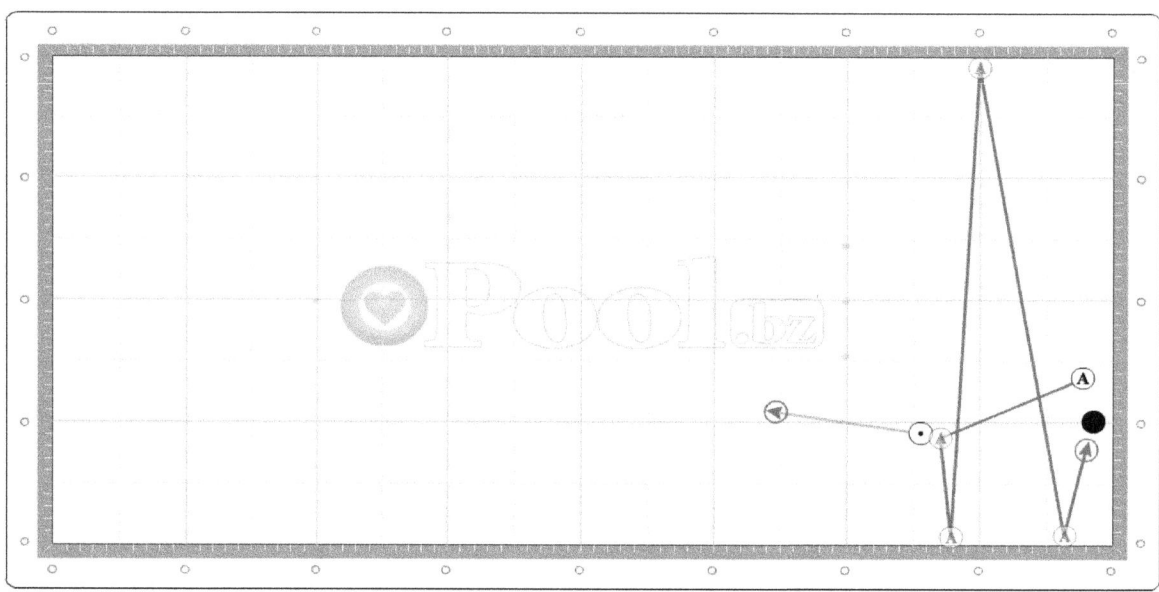

B:5c – Inrätta

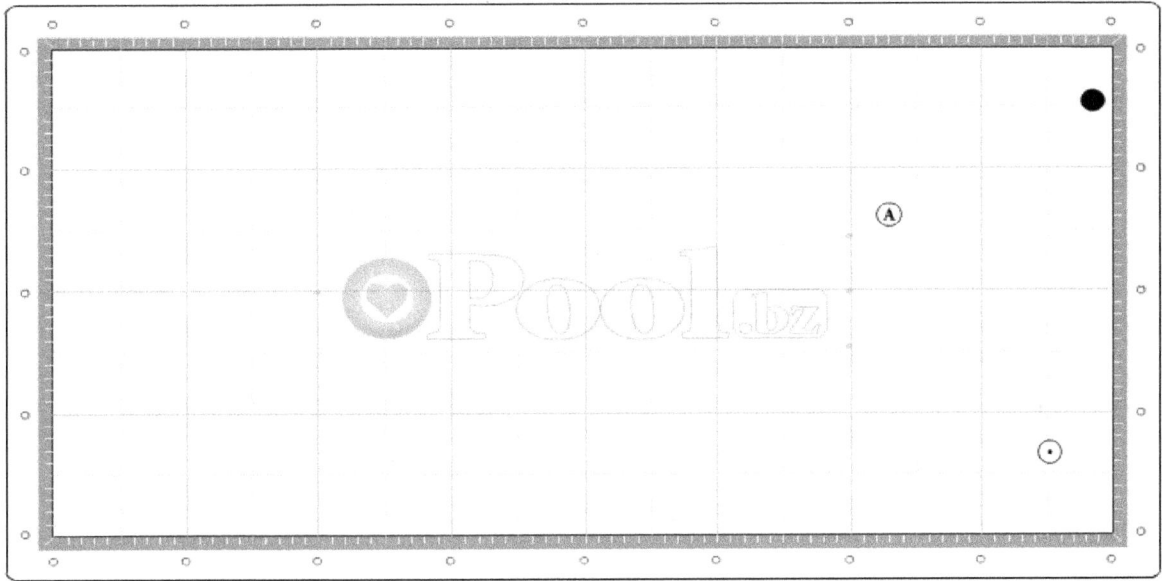

Anteckningar och idéer:

Skottmönster

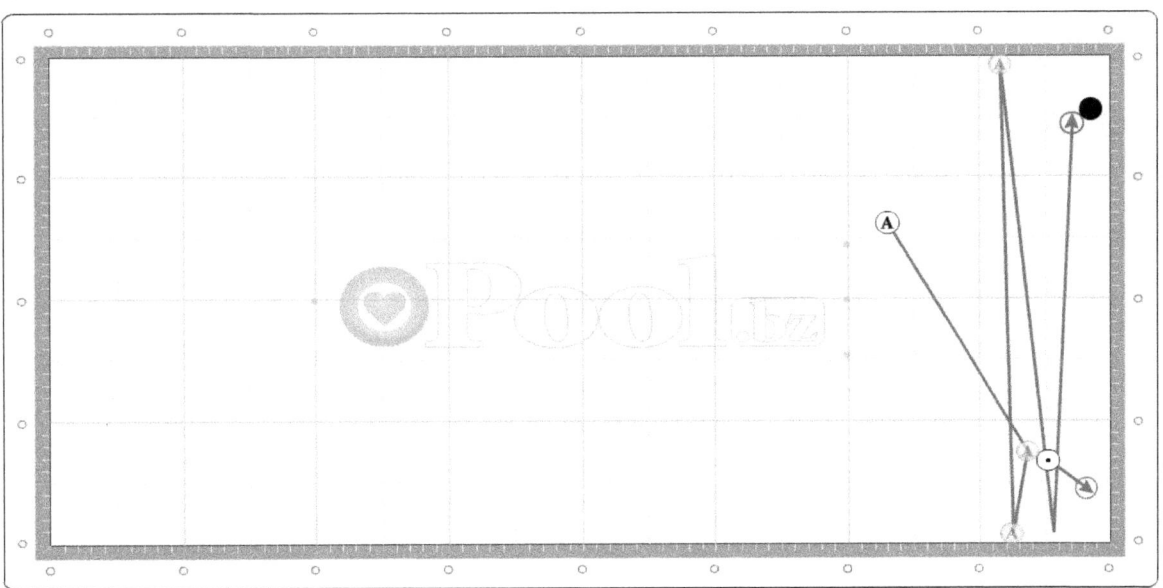

B:5d – Inrätta

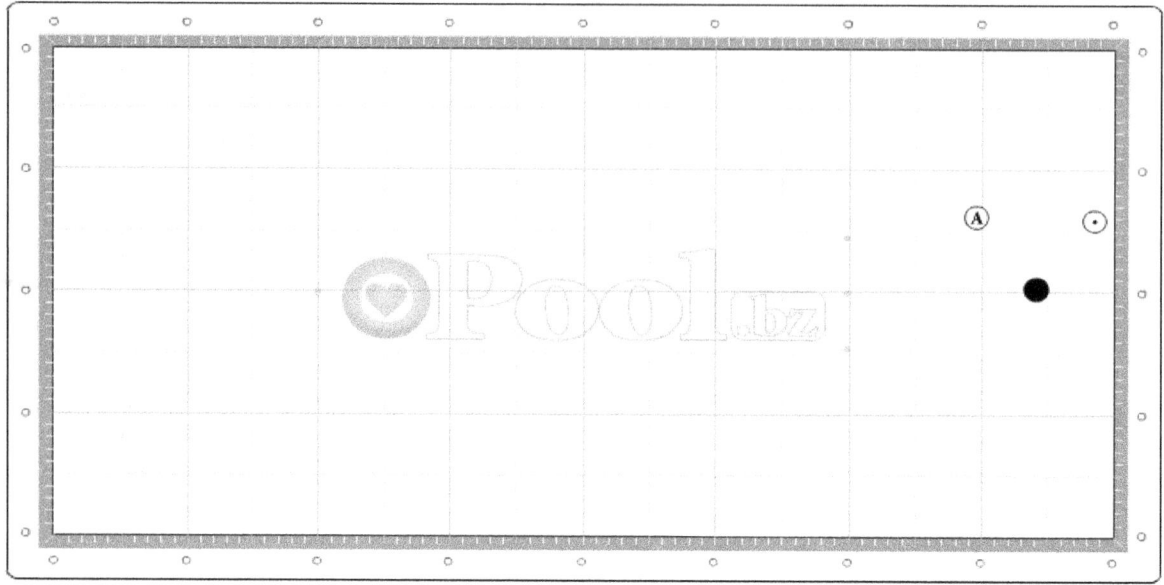

Anteckningar och idéer:

Skottmönster

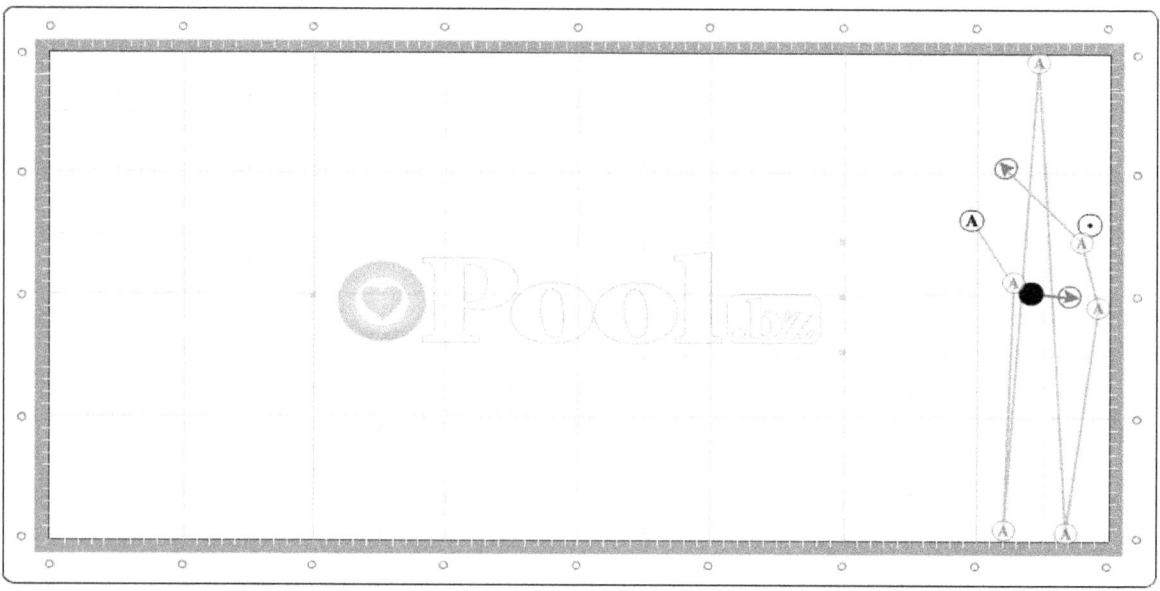

C: Halv bord sicksack

(CB) reser sida vid sida, inom ett halvbordsområde.

Ⓐ (CB) (din biljardboll) - ⊙ (OB) (motståndare biljardboll) - ● (OB) (röd biljardboll)

C: Grupp 1

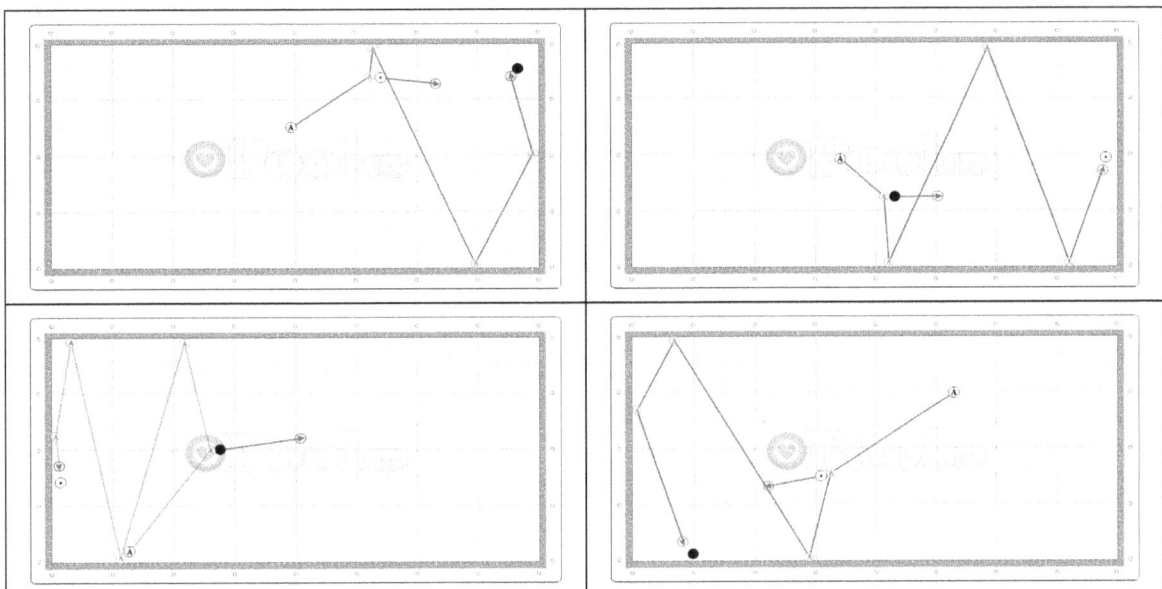

Analys:

C:1a. _____

C:1b. _____

C:1c. _____

C:1d. _____

C:1a – Inrätta

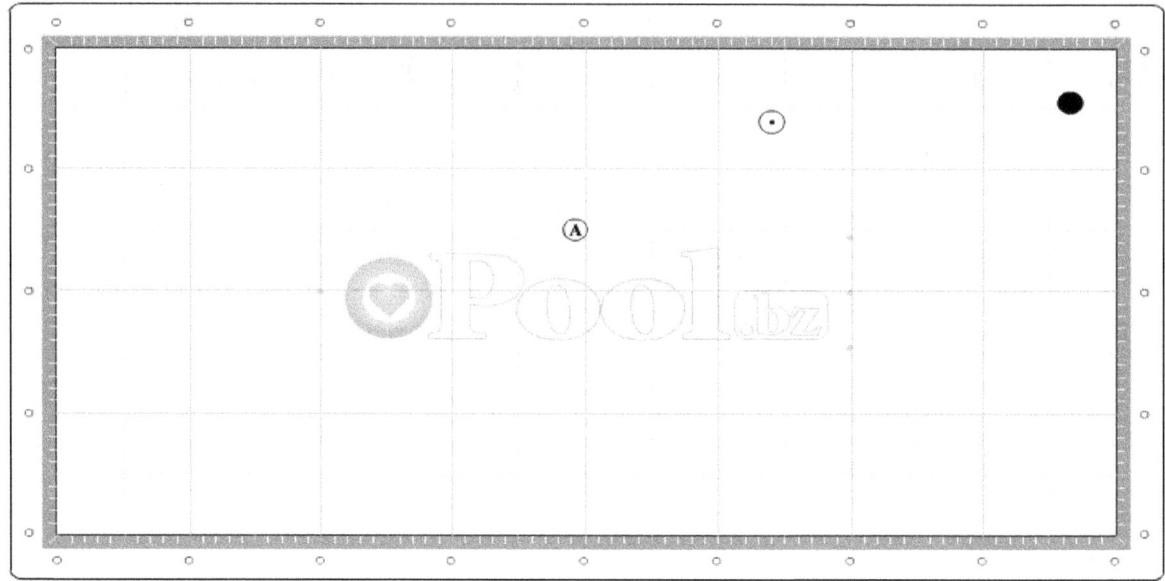

Anteckningar och idéer:

Skottmönster

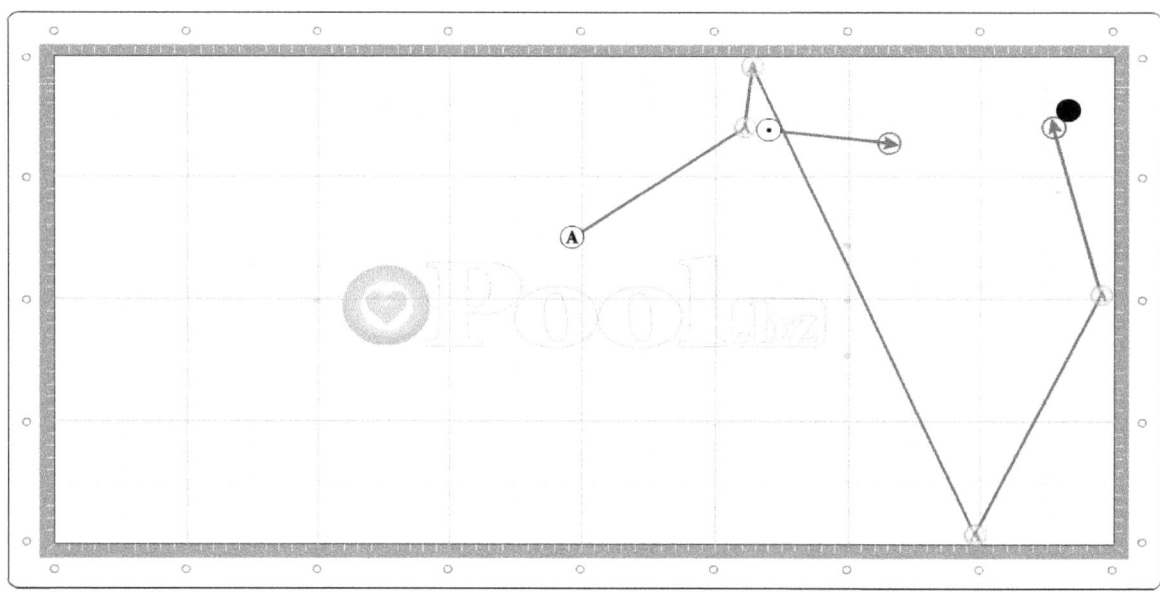

C:1b – Inrätta

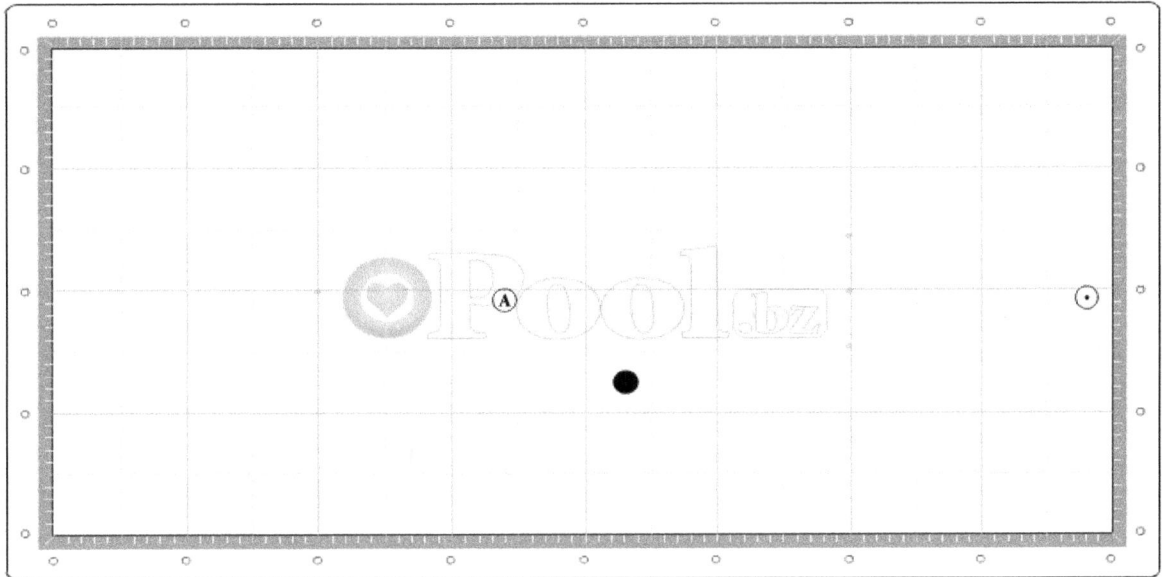

Anteckningar och idéer:

Skottmönster

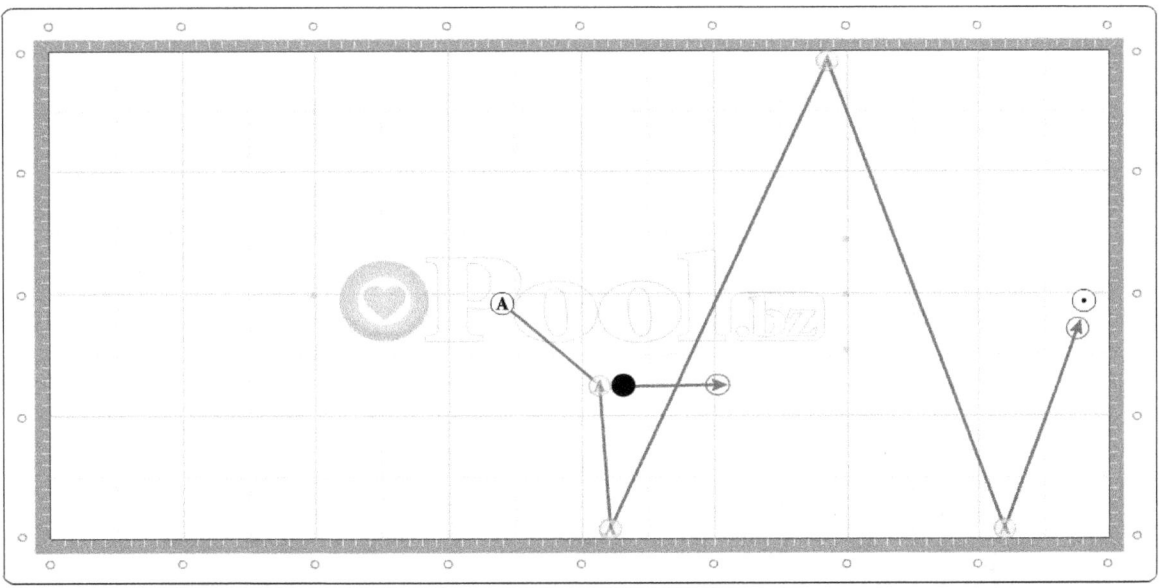

C:1c – Inrätta

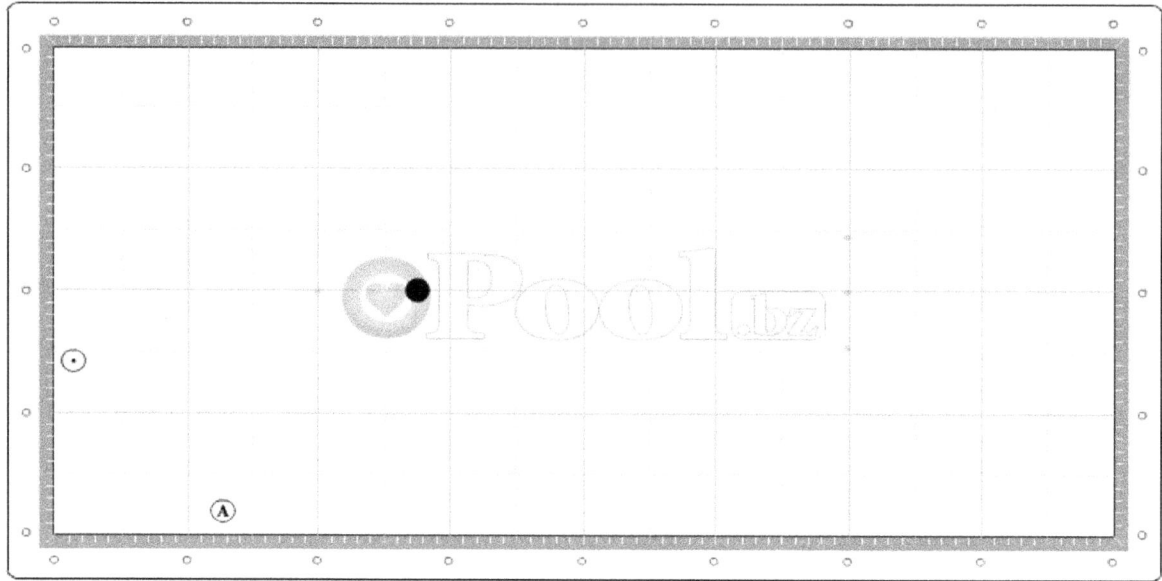

Anteckningar och idéer:

Skottmönster

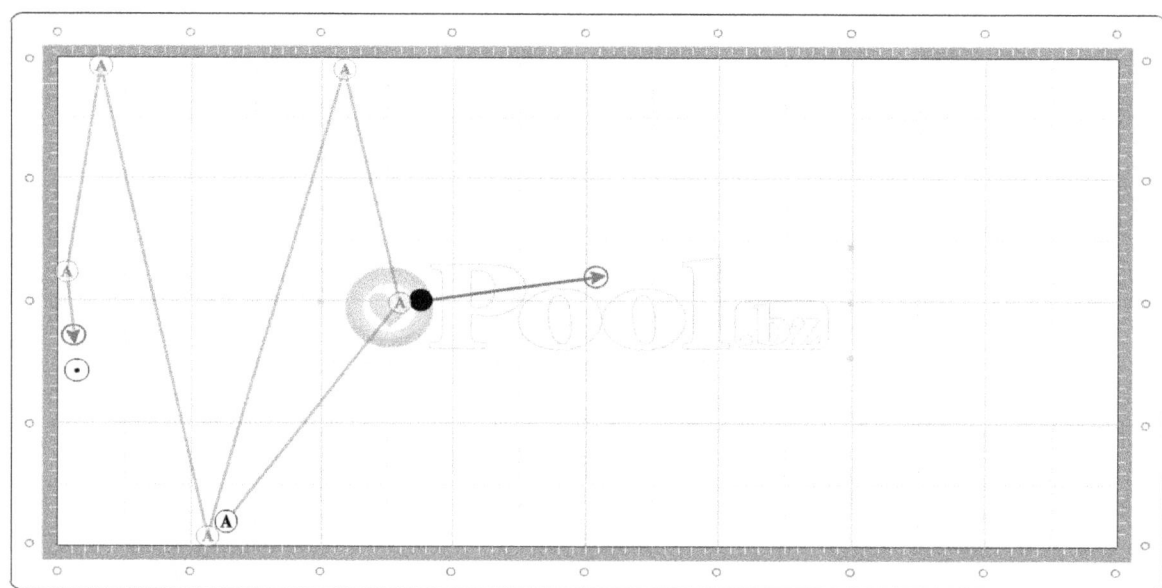

C:1d – Inrätta

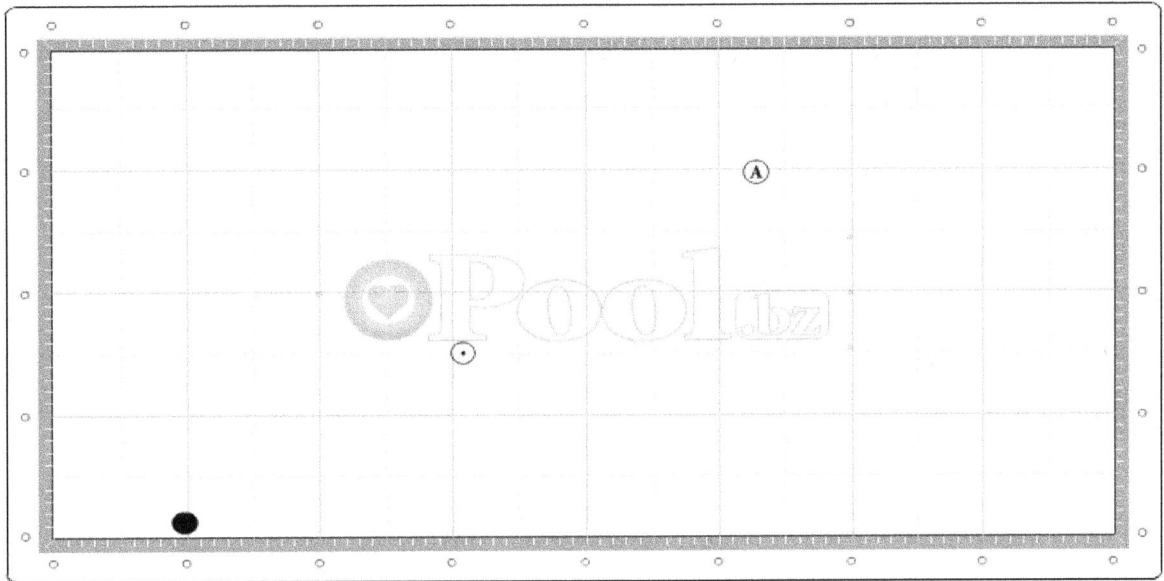

Anteckningar och idéer:

Skottmönster

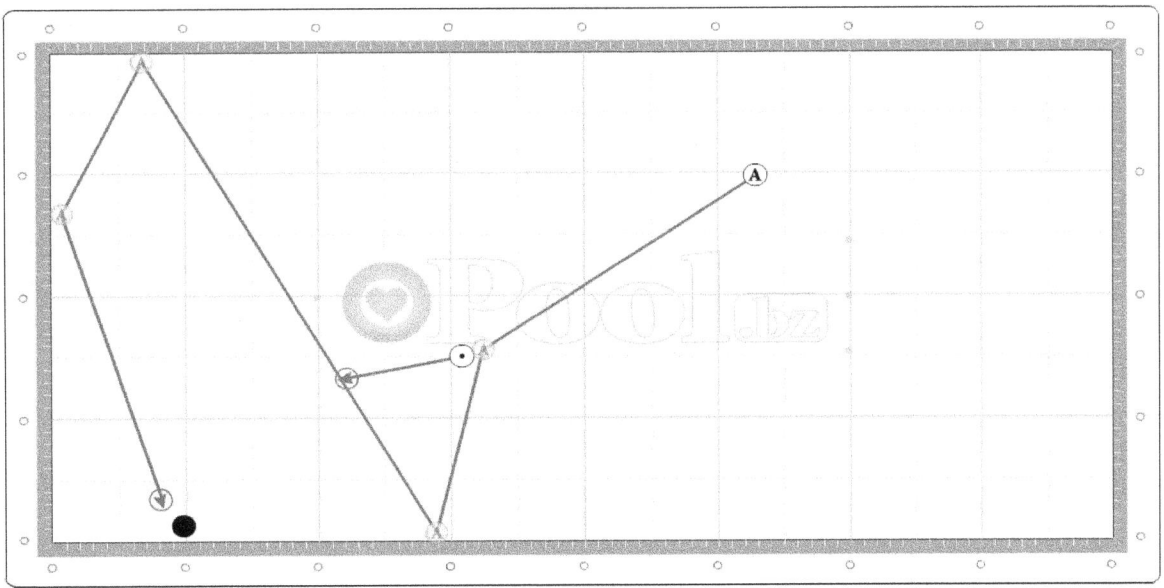

C: Grupp 2

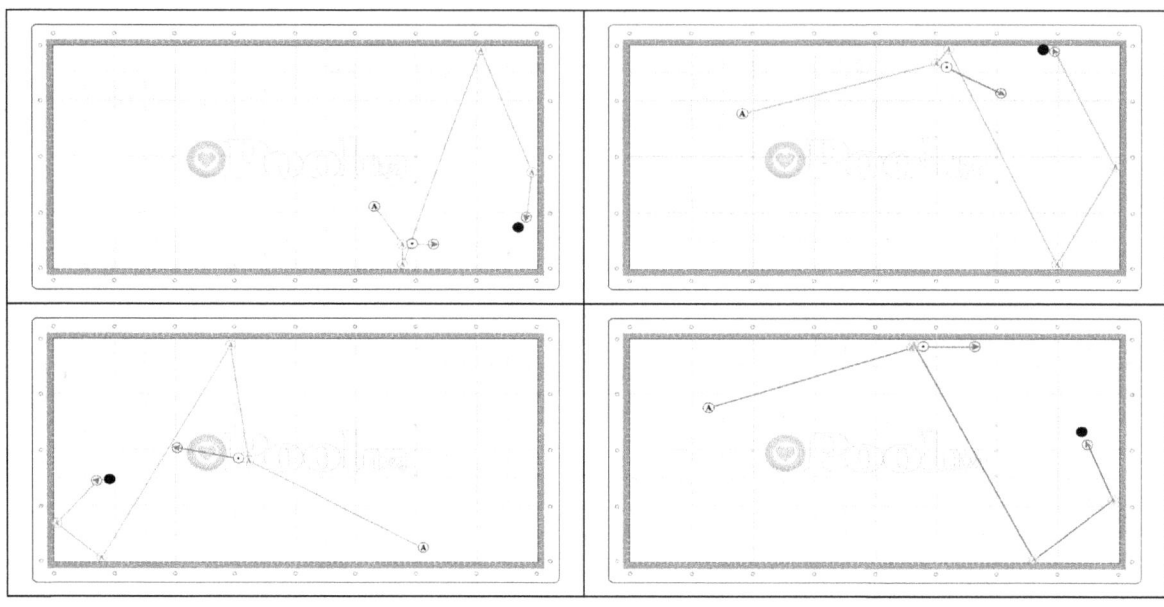

Analys:

C:2a. _____

C:2b. _____

C:2c. _____

C:3d. _____

C:2a – Inrätta

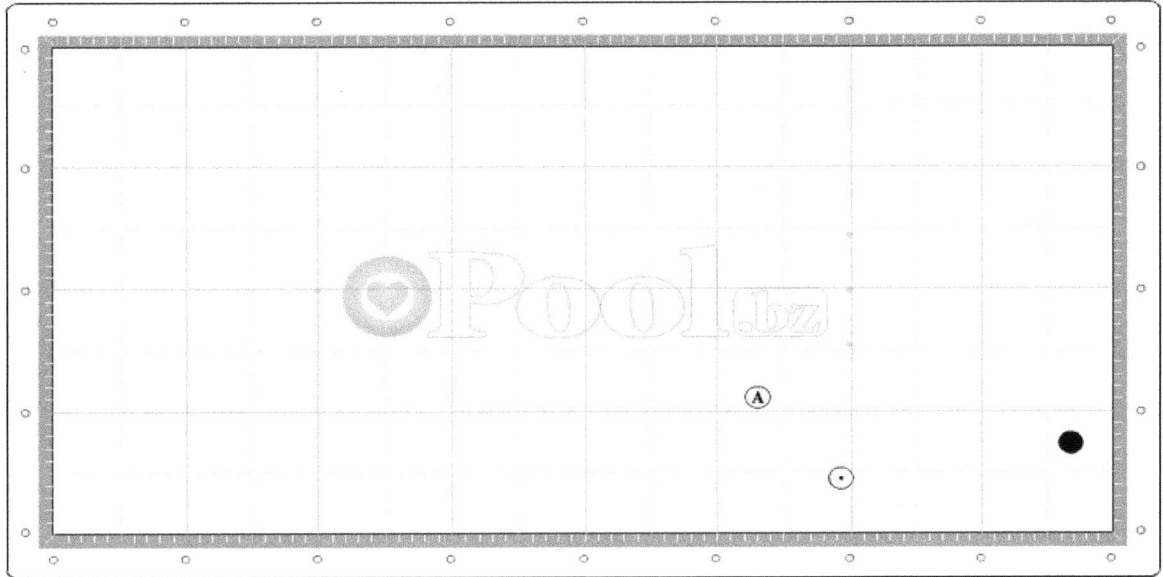

Anteckningar och idéer:

Skottmönster

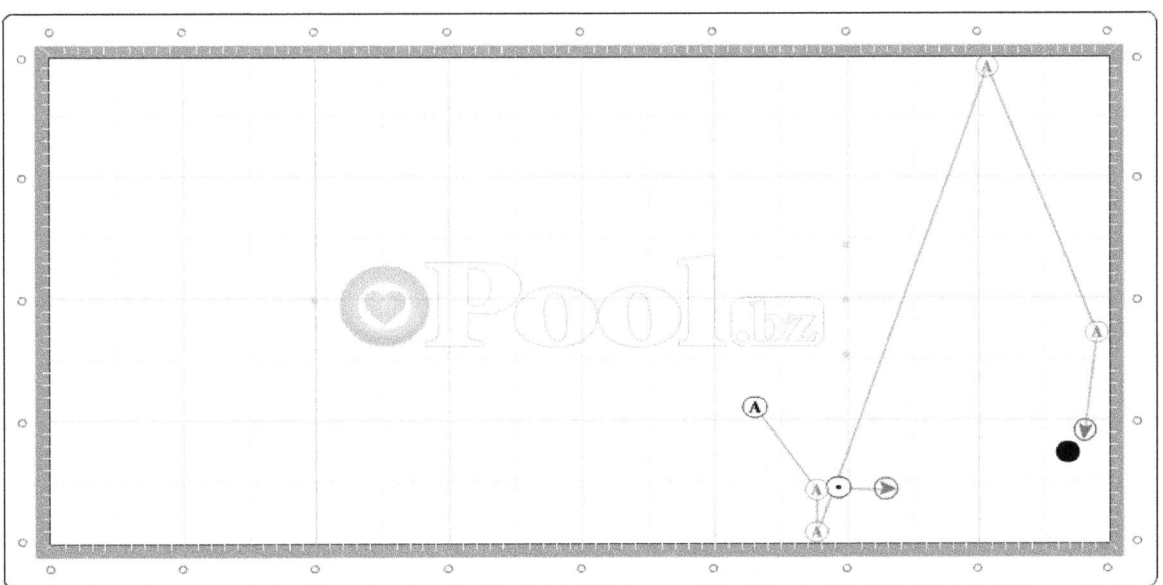

C:2b – Inrätta

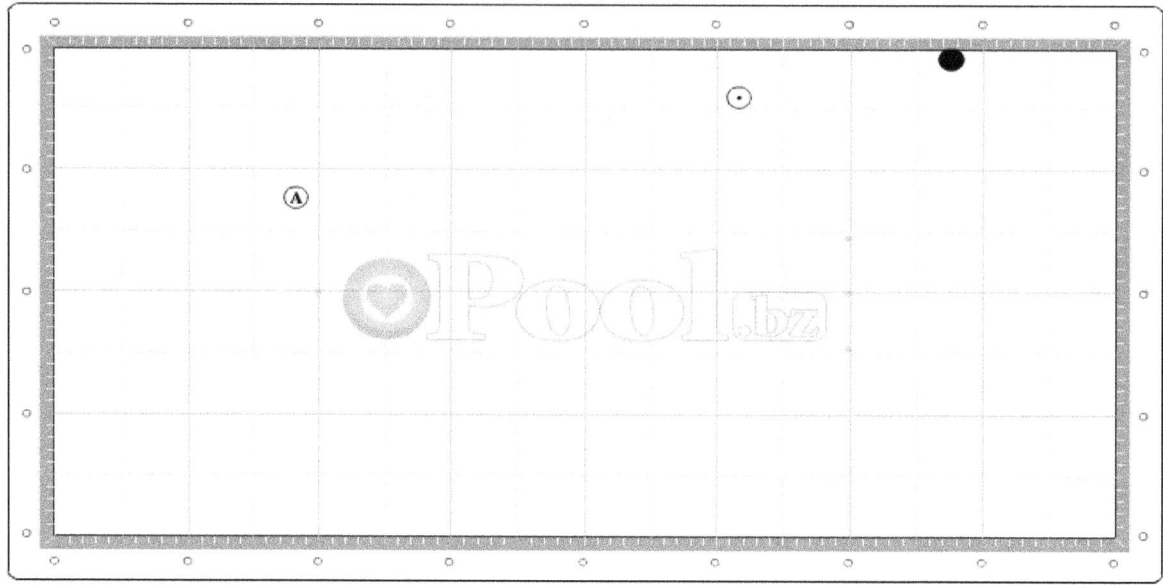

Anteckningar och idéer:

Skottmönster

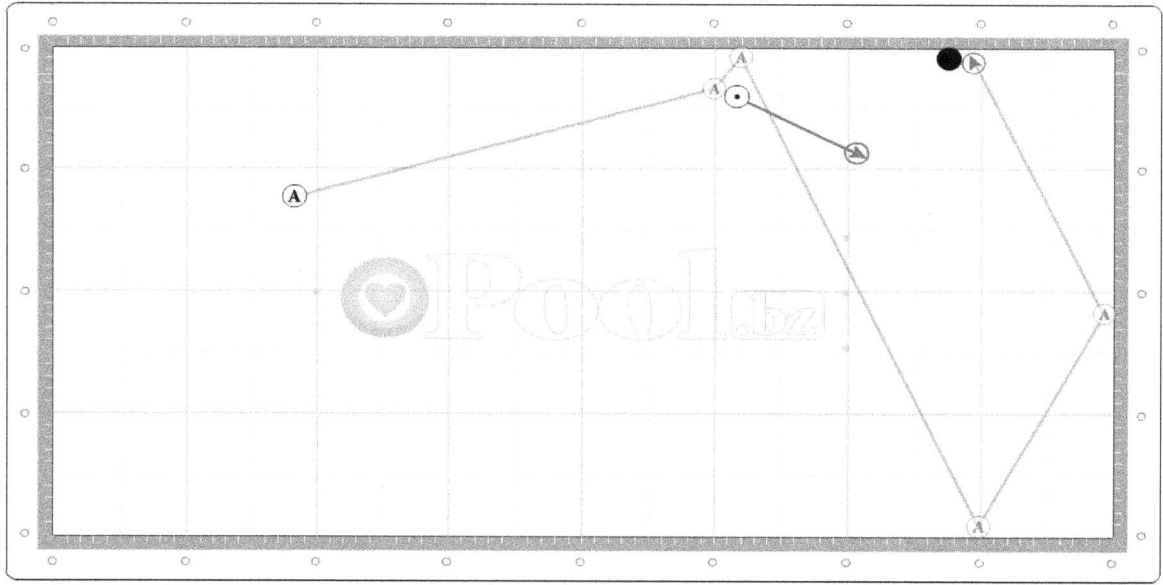

C:2c – Inrätta

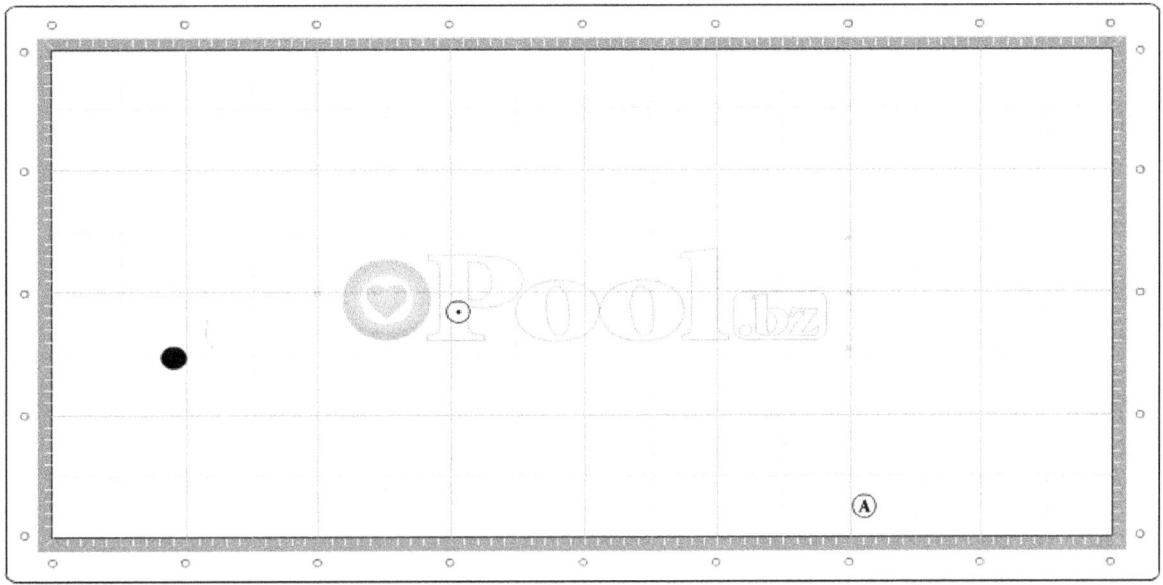

Anteckningar och idéer:

Skottmönster

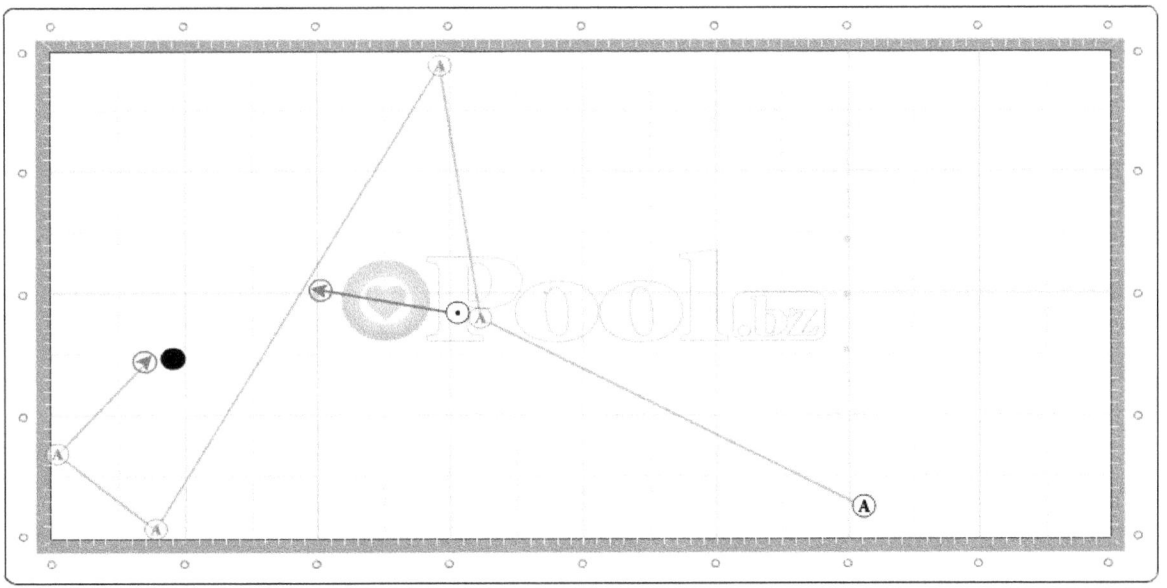

C:2d – Inrätta

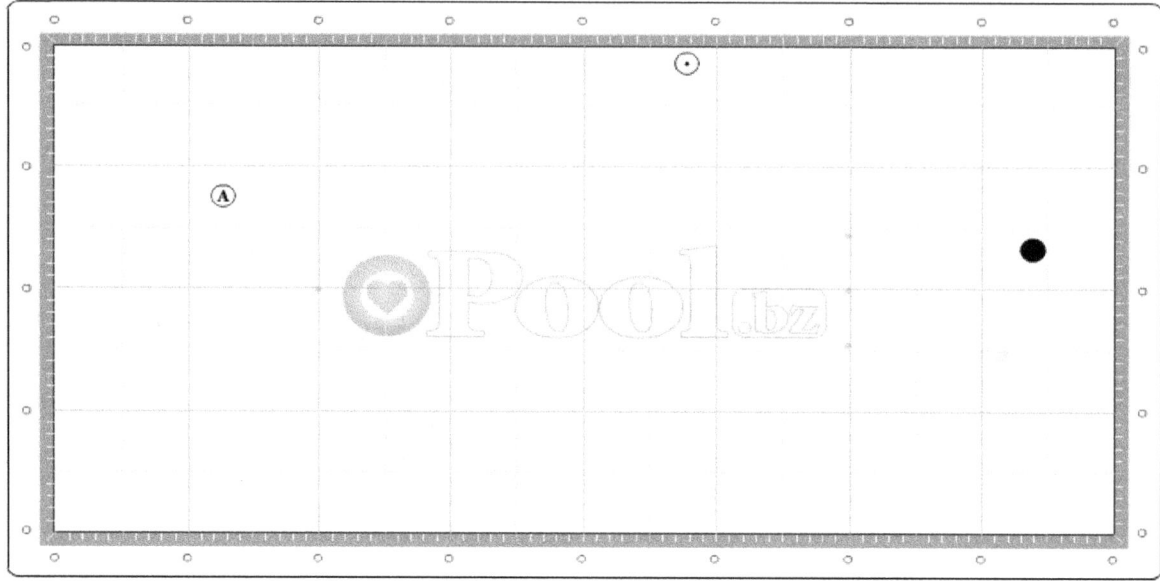

Anteckningar och idéer:

Skottmönster

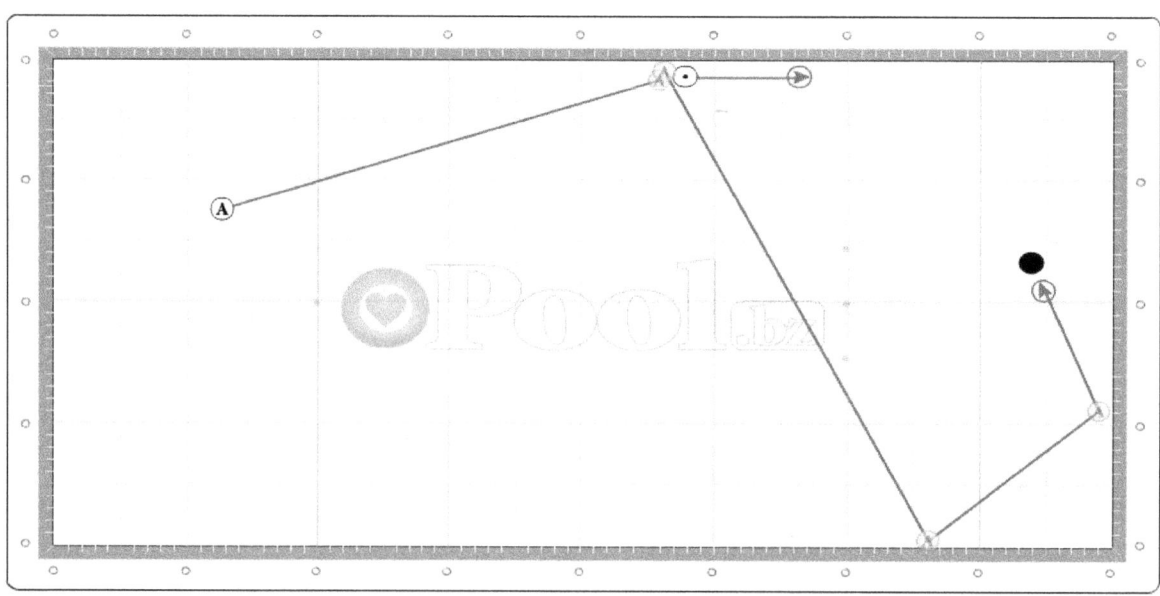

C: Grupp 3

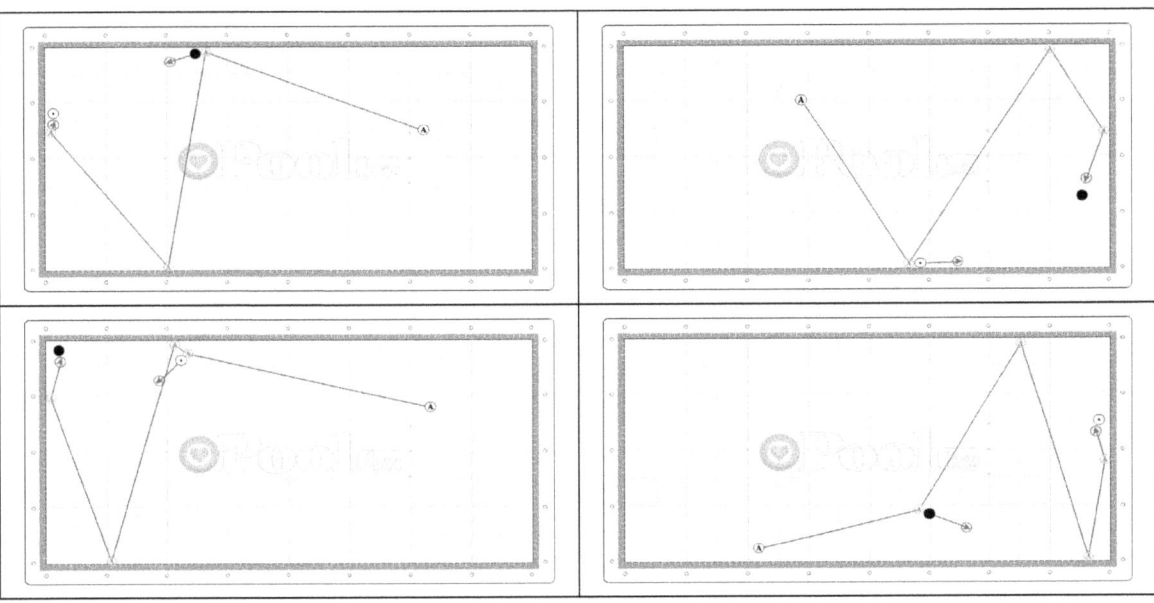

Analys:

C:3a. _____

C:3b. _____

C:3c. _____

C:3d. _____

C:3a – Inrätta

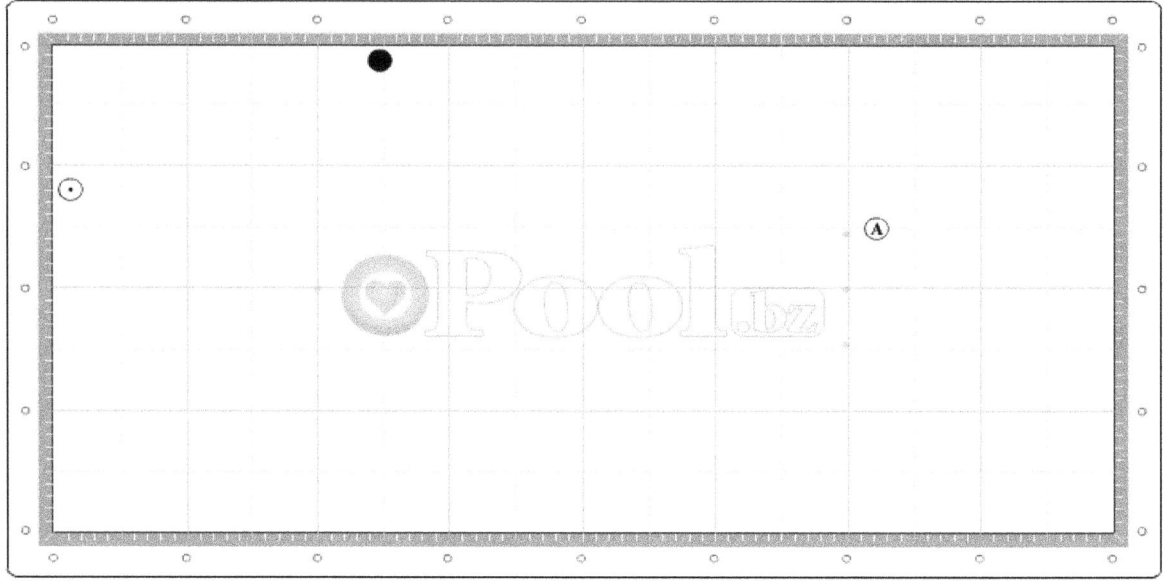

Anteckningar och idéer:

Skottmönster

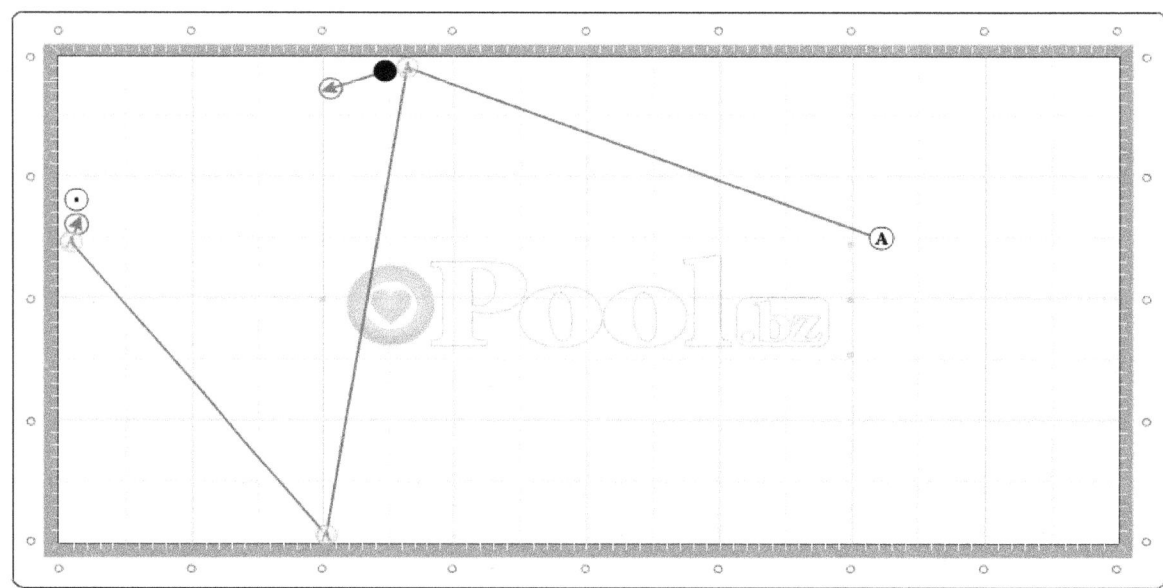

C:3b – Inrätta

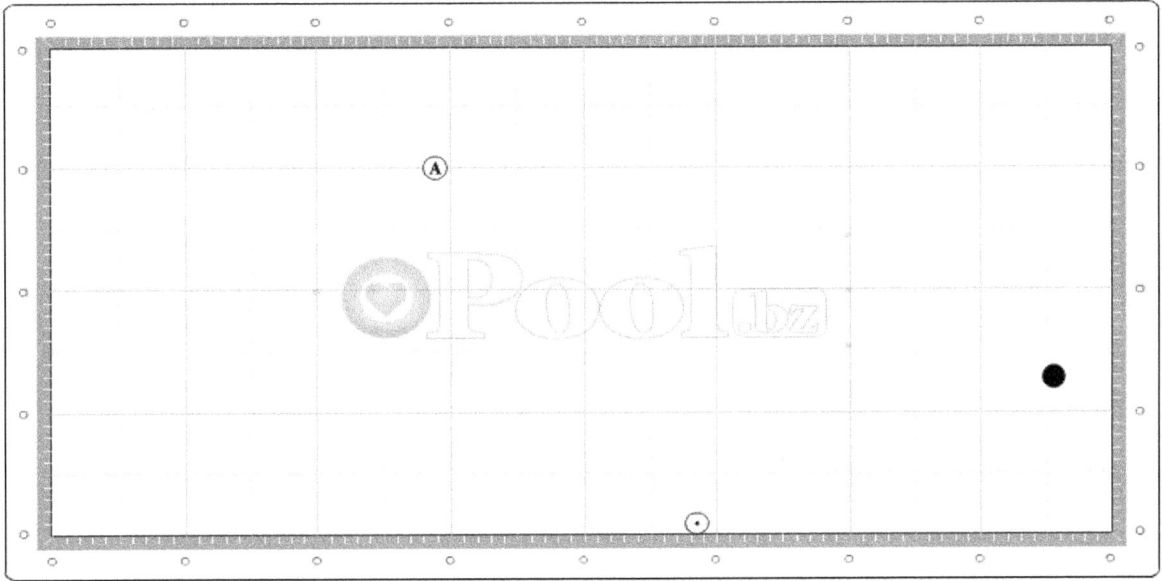

Anteckningar och idéer:

Skottmönster

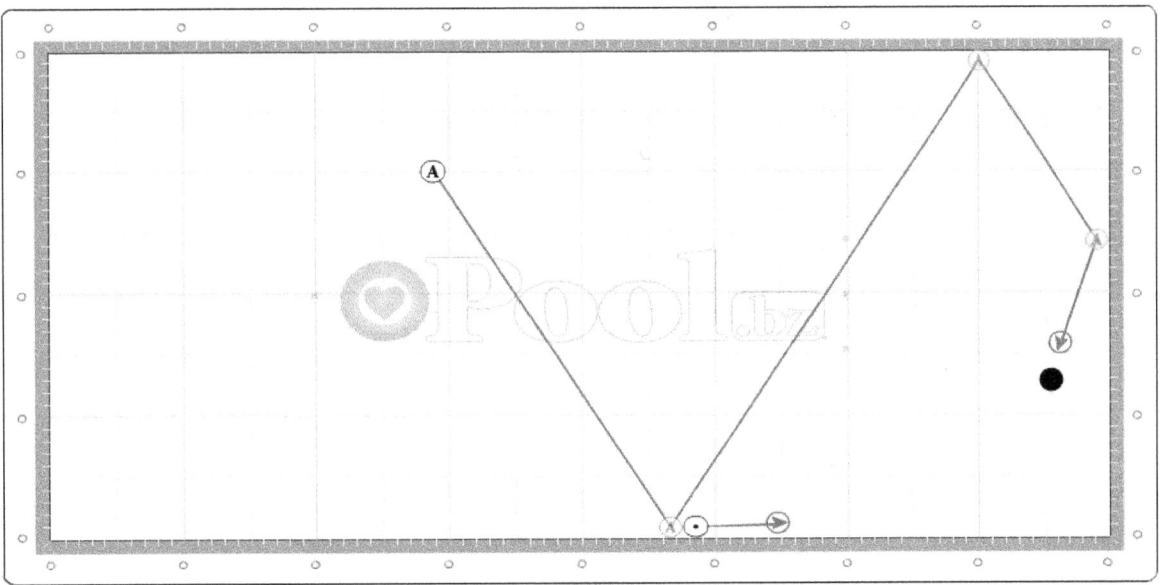

C:3c – Inrätta

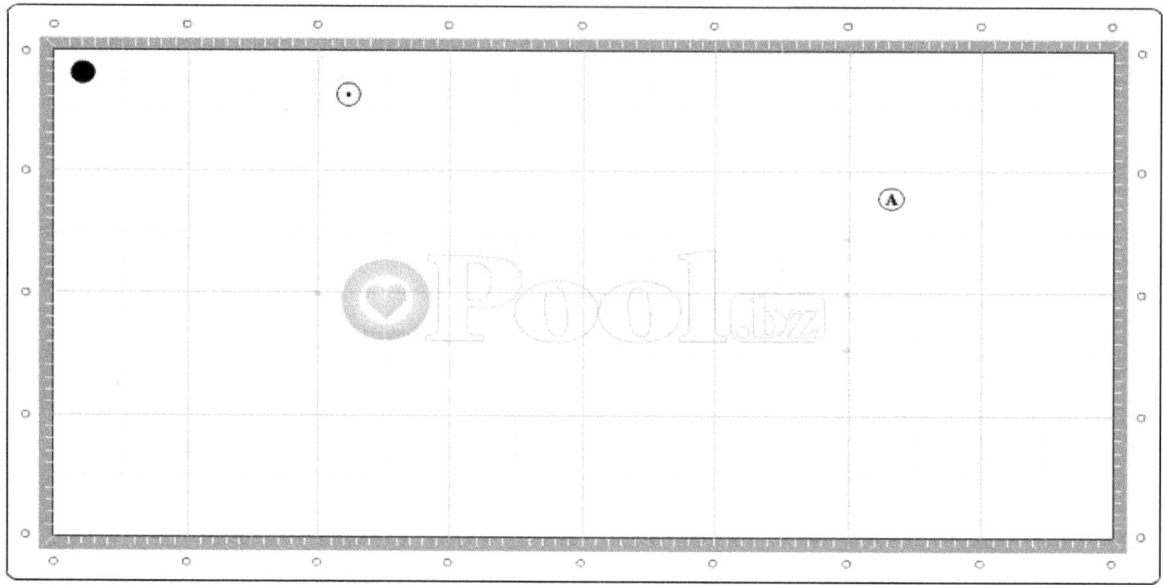

Anteckningar och idéer:

Skottmönster

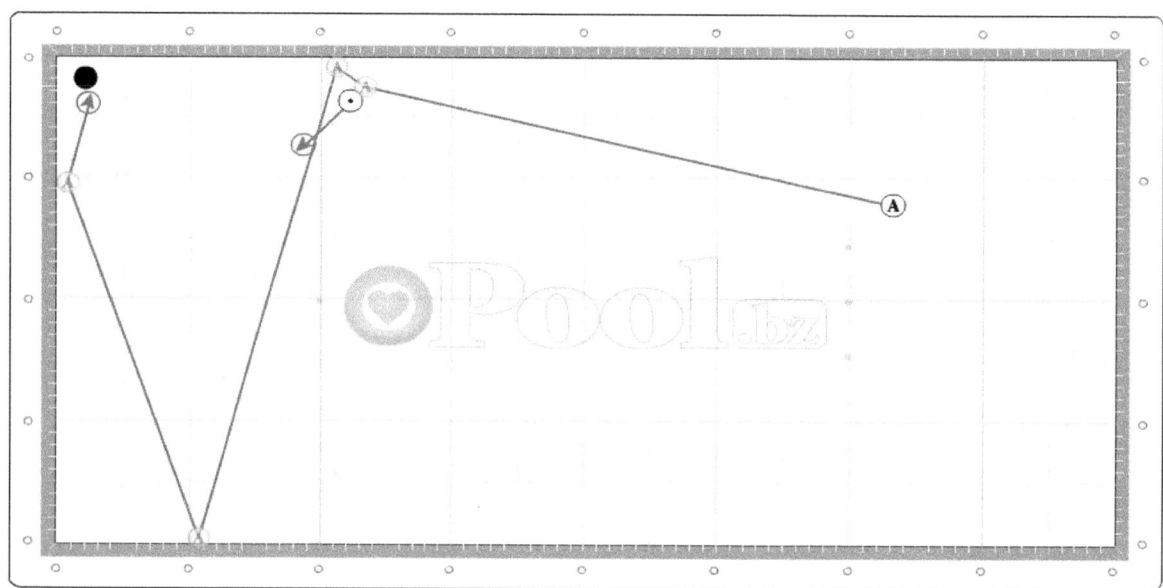

C:3d – Inrätta

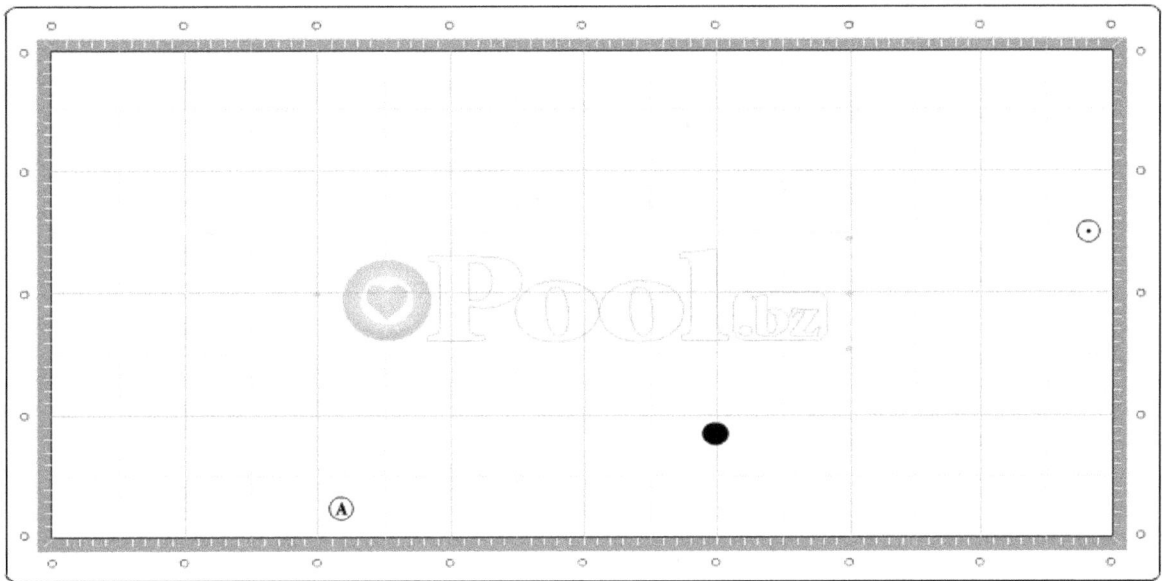

Anteckningar och idéer:

Skottmönster

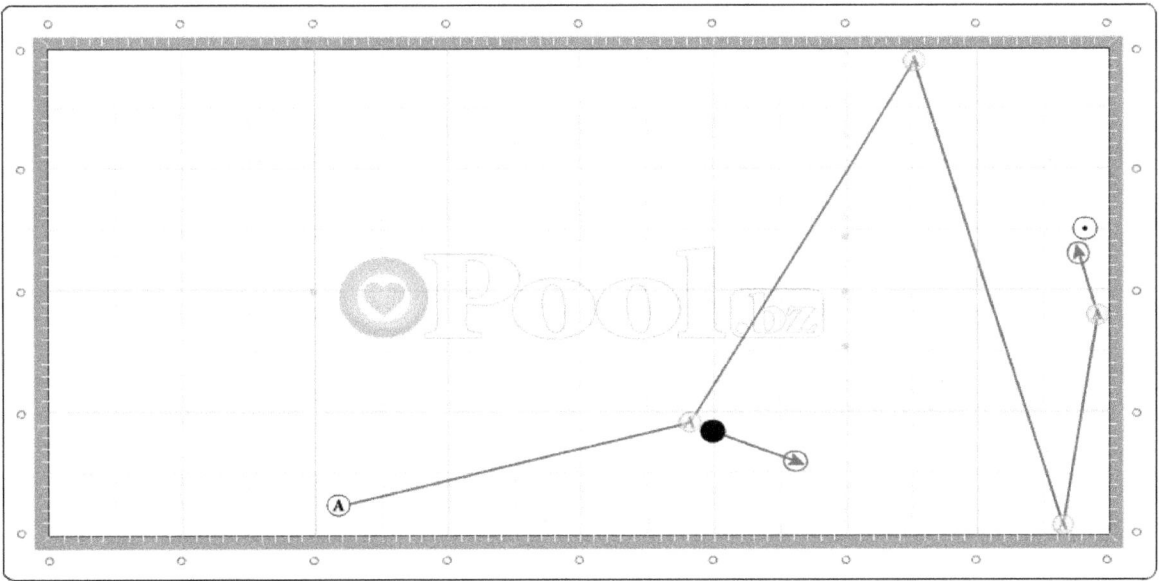

C: Grupp 4

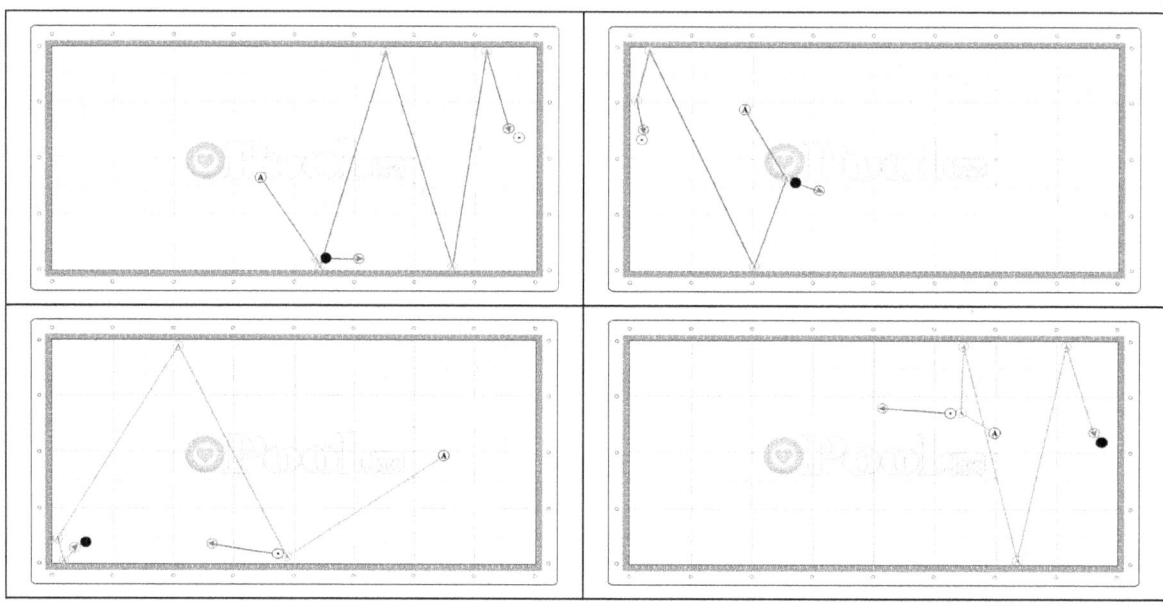

Analys:

C:4a. _____

C:4b. _____

C:4c. _____

C:4d. _____

C:4a – Inrätta

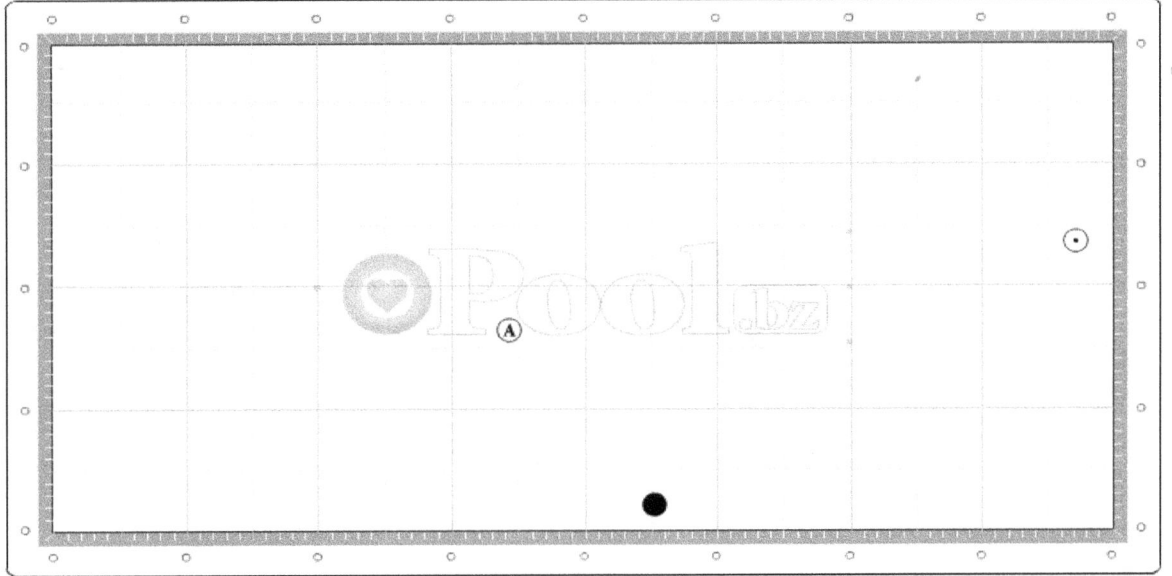

Anteckningar och idéer:

Skottmönster

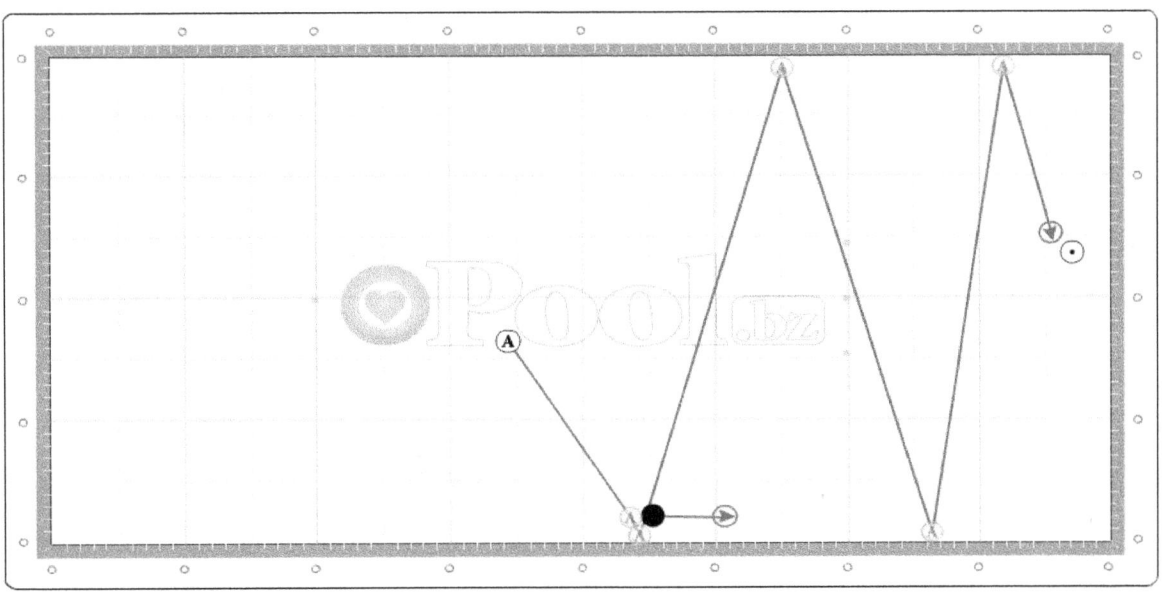

C:4b – Inrätta

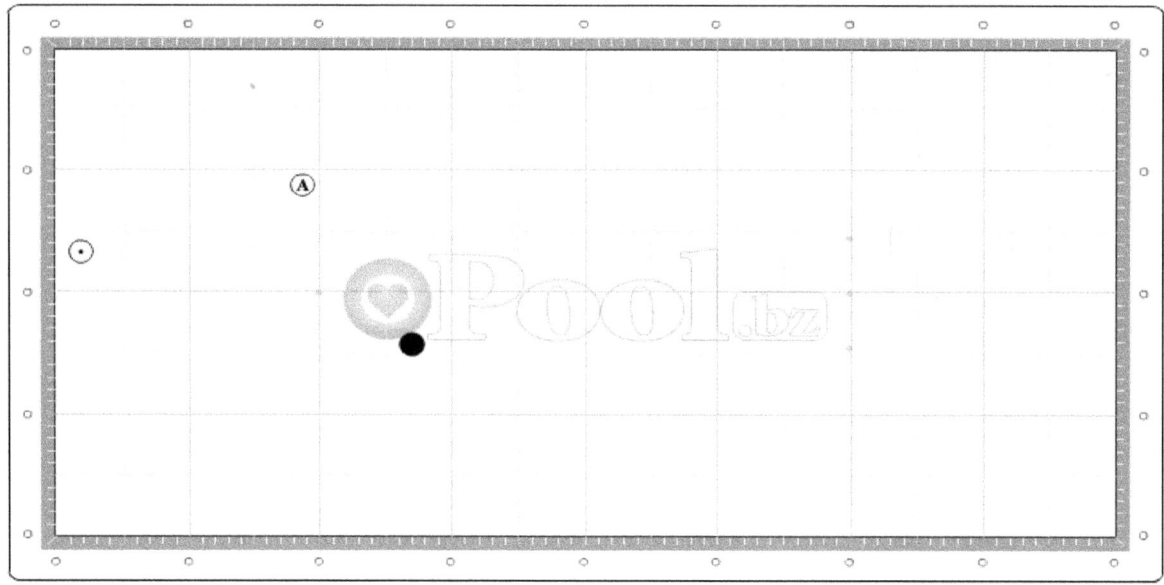

Anteckningar och idéer:

Skottmönster

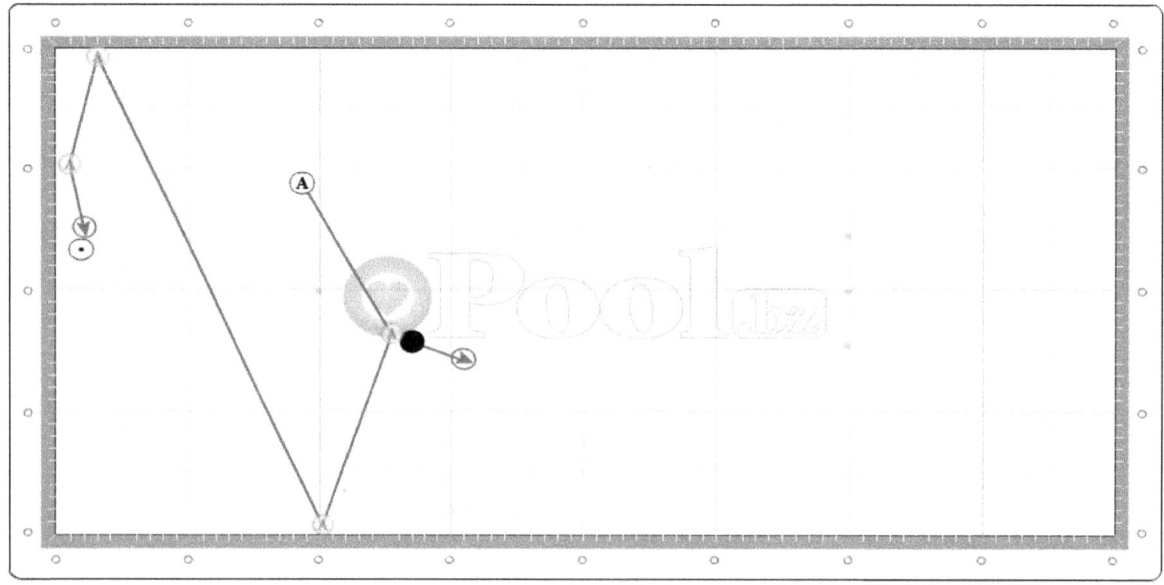

C:4c – Inrätta

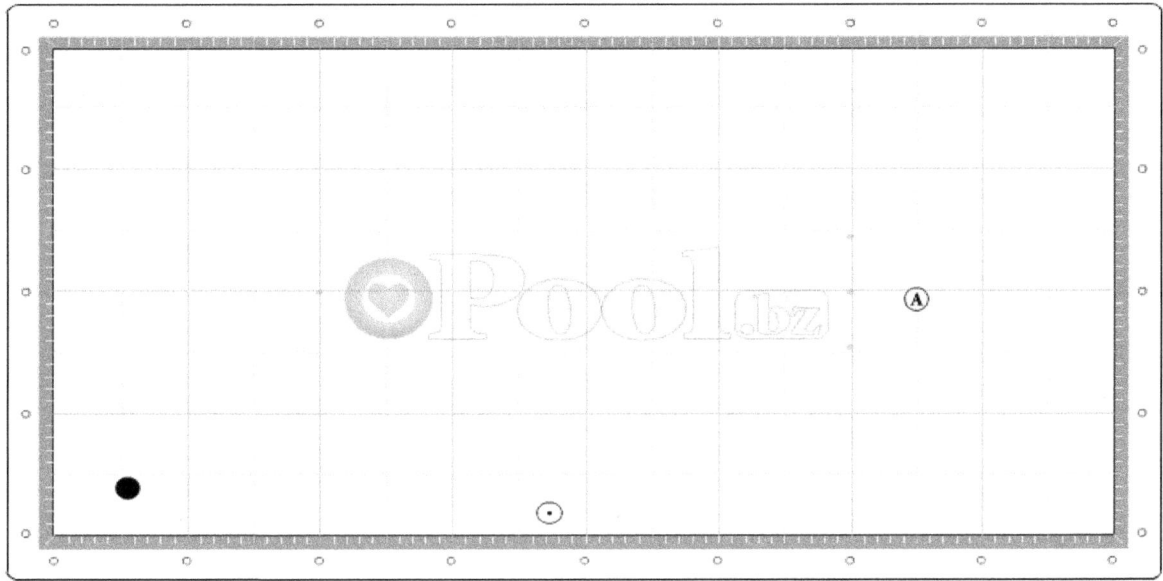

Anteckningar och idéer:

Skottmönster

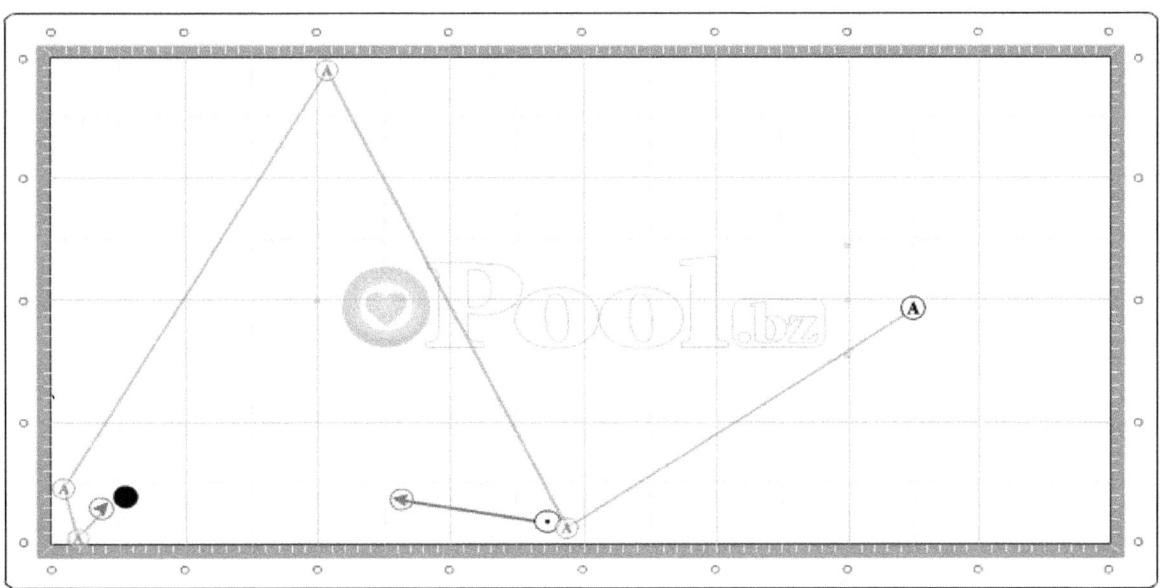

C:4d – Inrätta

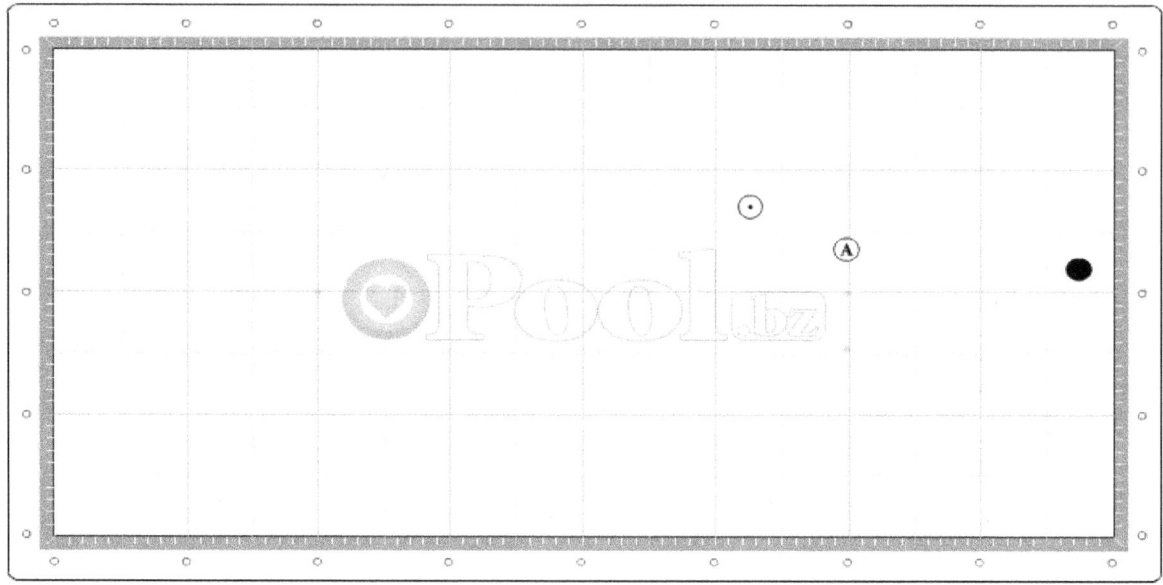

Anteckningar och idéer:

Skottmönster

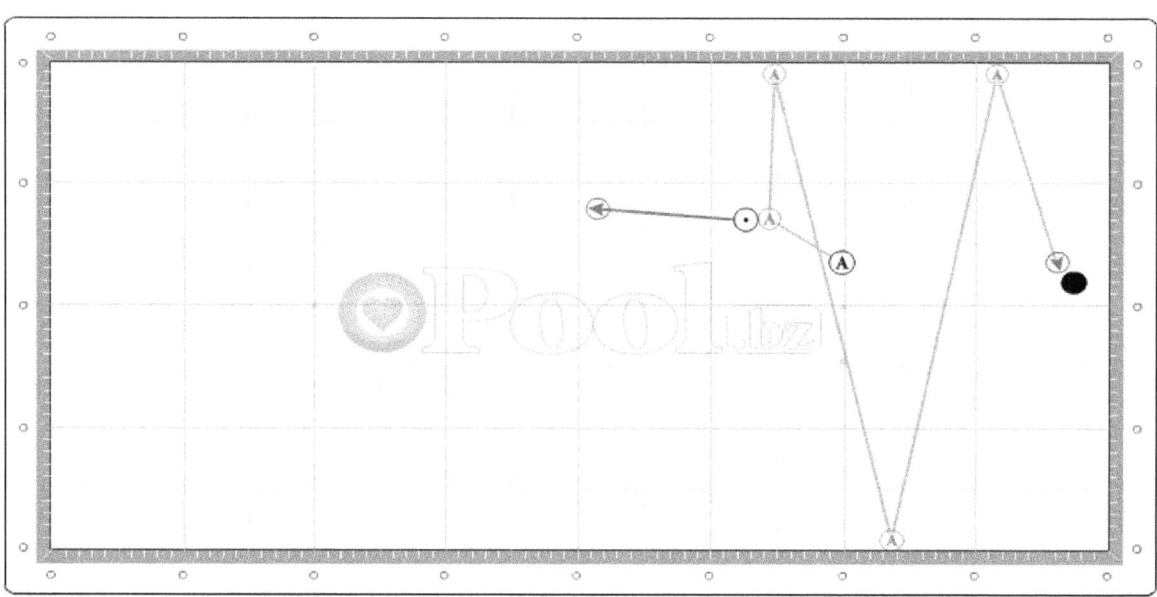

D: 3/4 bord sicksack

Dessa (CB) reser över tre fjärdedelar av bordet.

(A) (CB) (din biljardboll) - ⊙ (OB) (motståndare biljardboll) - ● (OB) (röd biljardboll)

D: Grupp 1

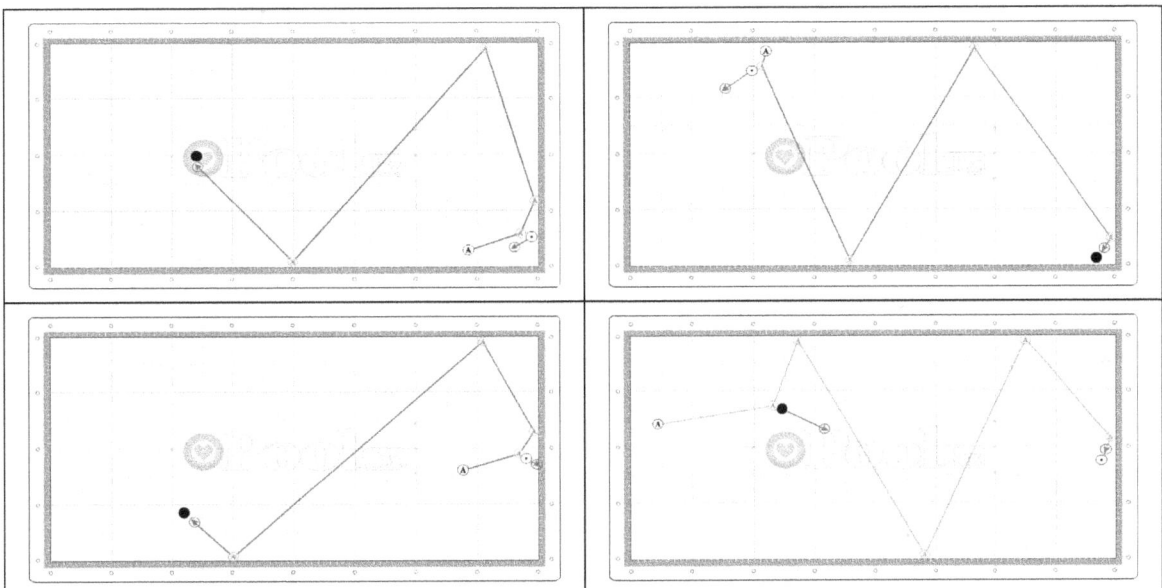

Analys:

D:1a. _____

D:1b. _____

D:1c. _____

D:1d. _____

D:1a – Inrätta

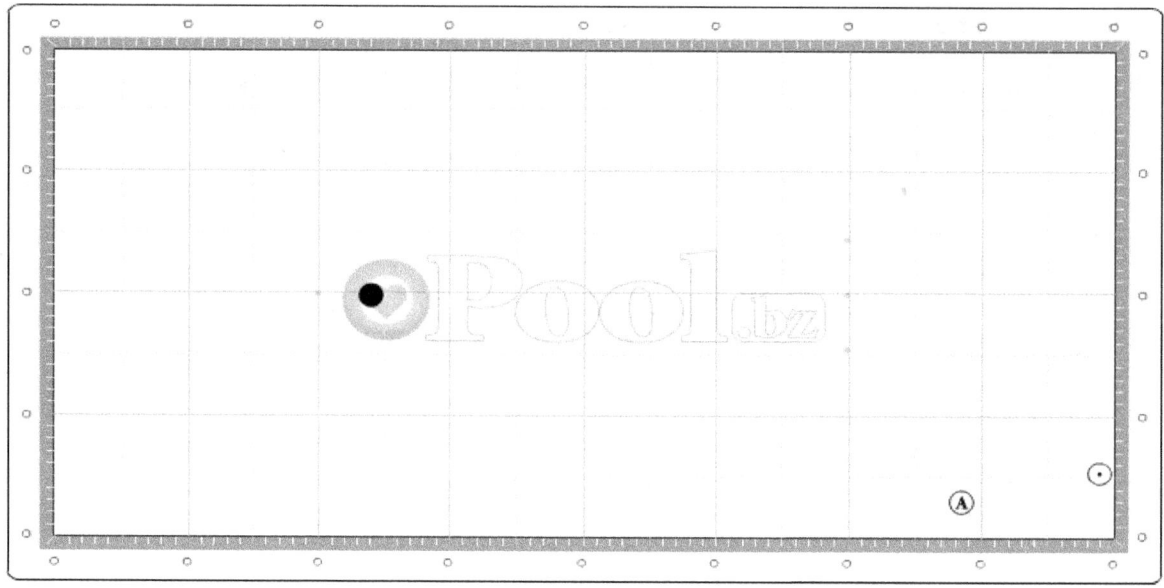

Anteckningar och idéer:

Skottmönster

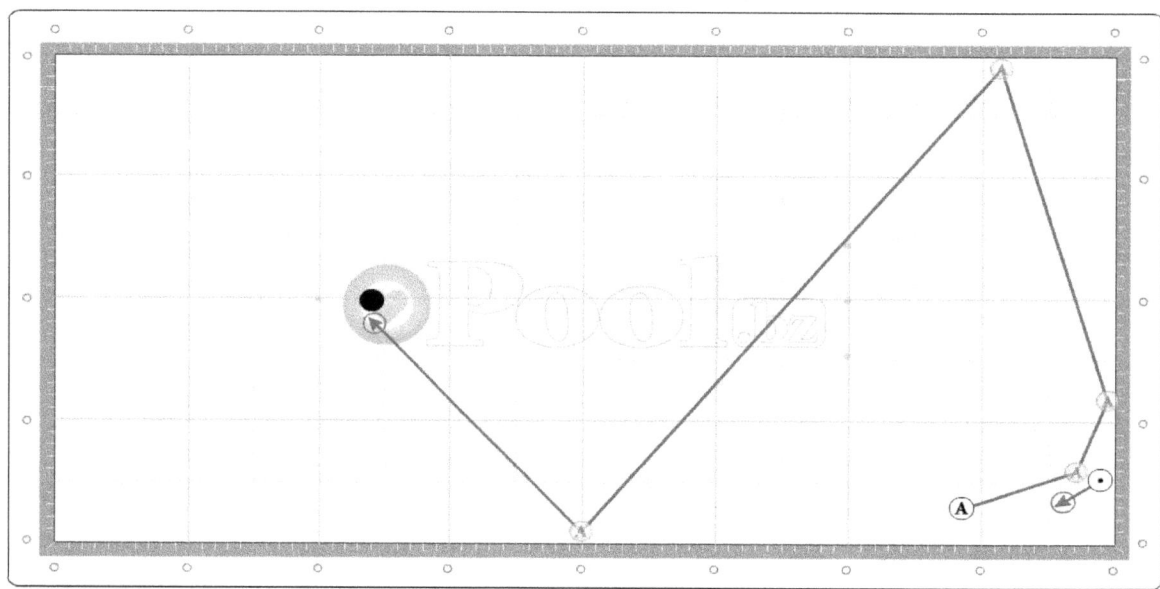

D:1b – Inrätta

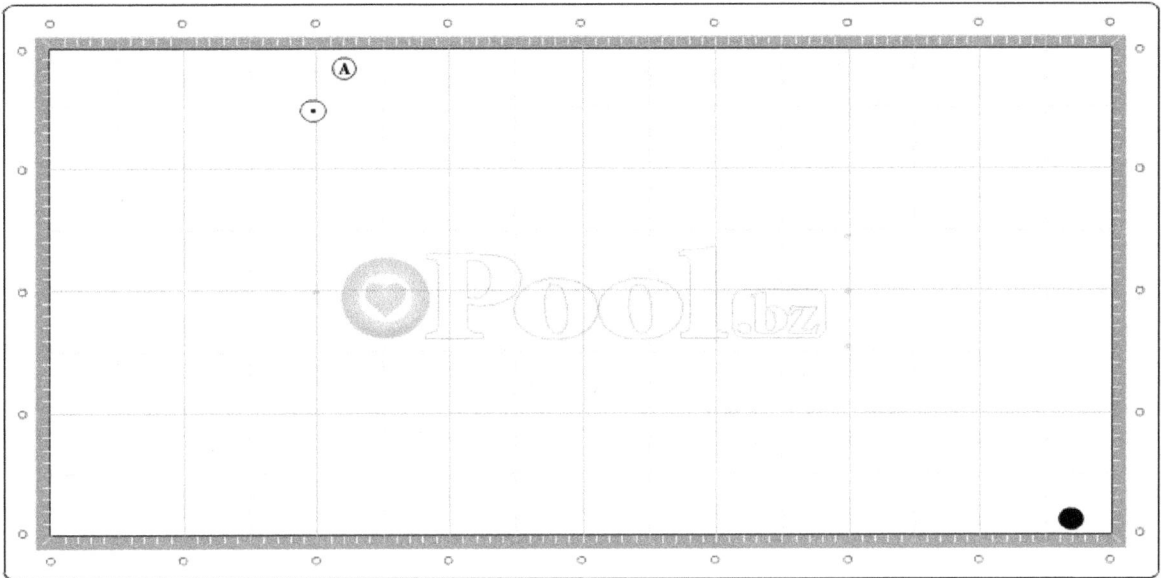

Anteckningar och idéer:

Skottmönster

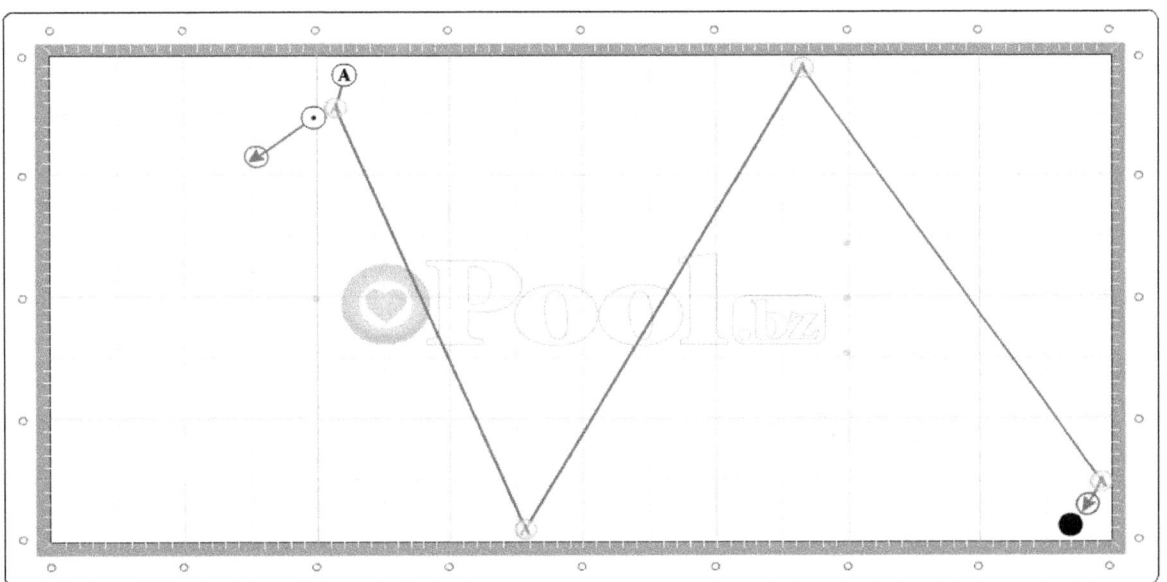

D:1c – Inrätta

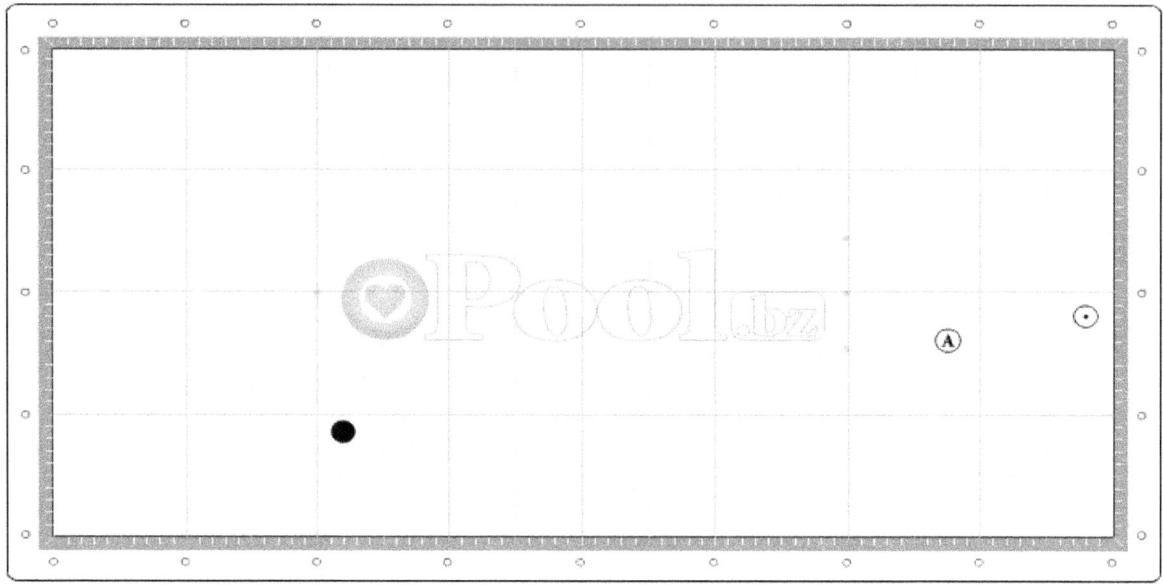

Anteckningar och idéer:

Skottmönster

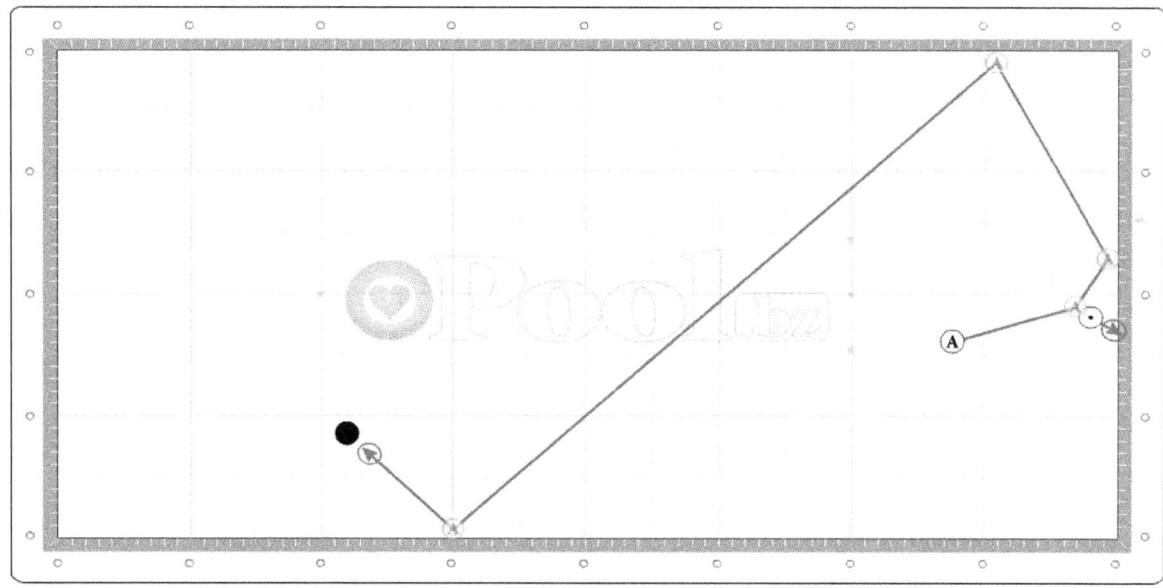

D:1d – Inrätta

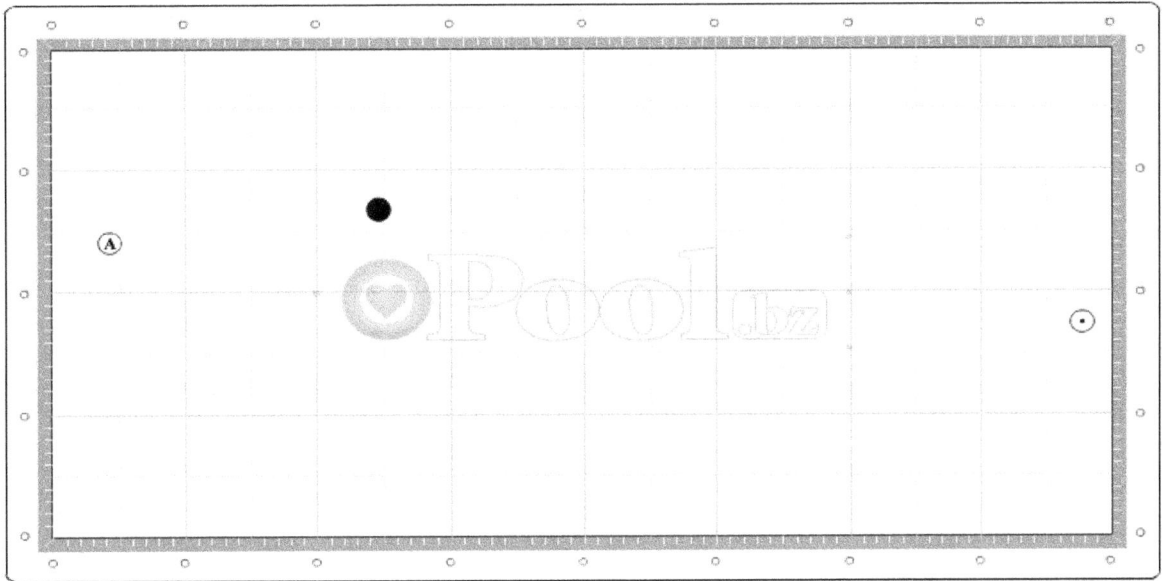

Anteckningar och idéer:

Skottmönster

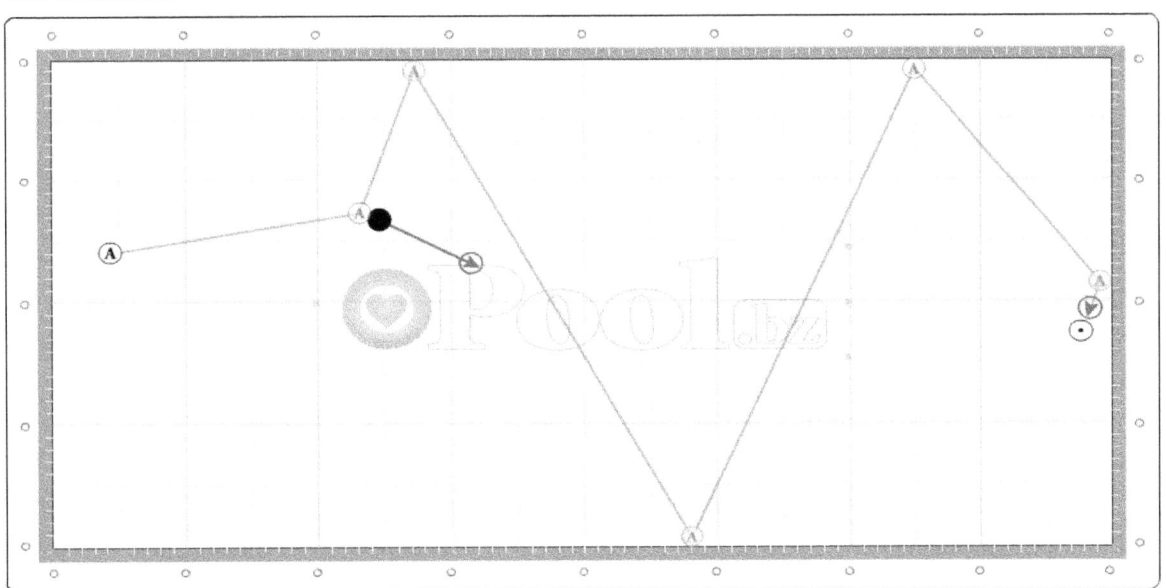

D: Grupp 2

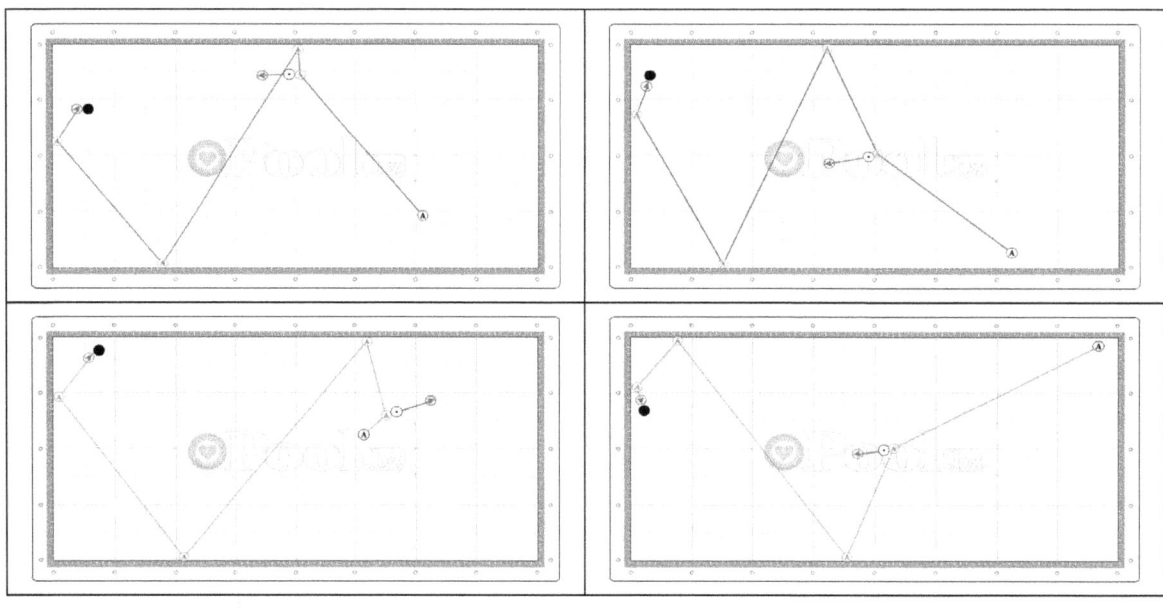

Analys:

D:2a. _____

D:2b. _____

D:2c. _____

D:2d. _____

D:2a – Inrätta

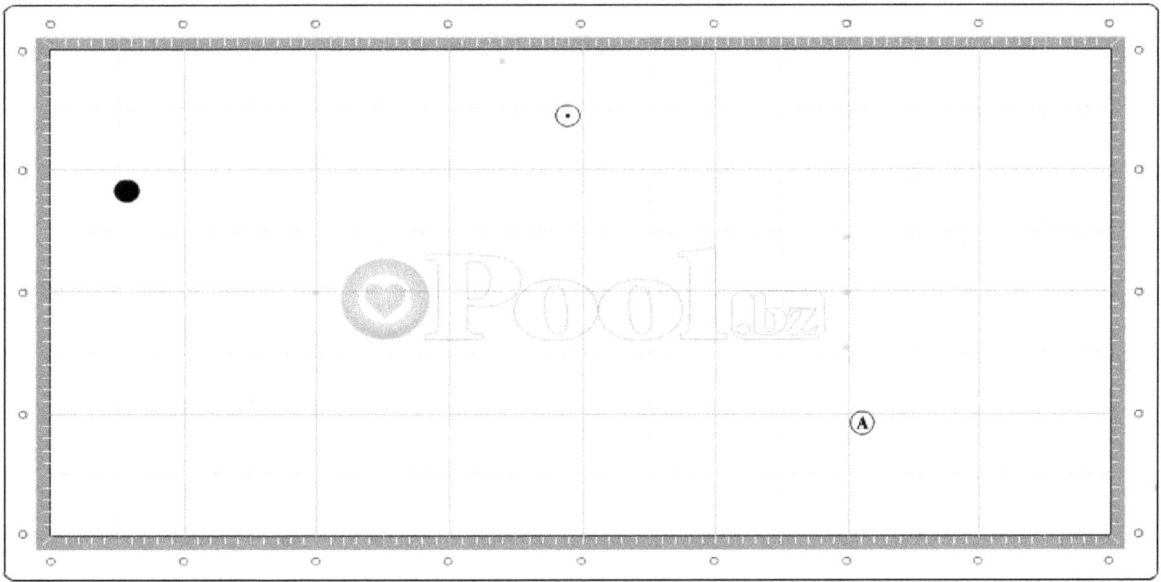

Anteckningar och idéer:

Skottmönster

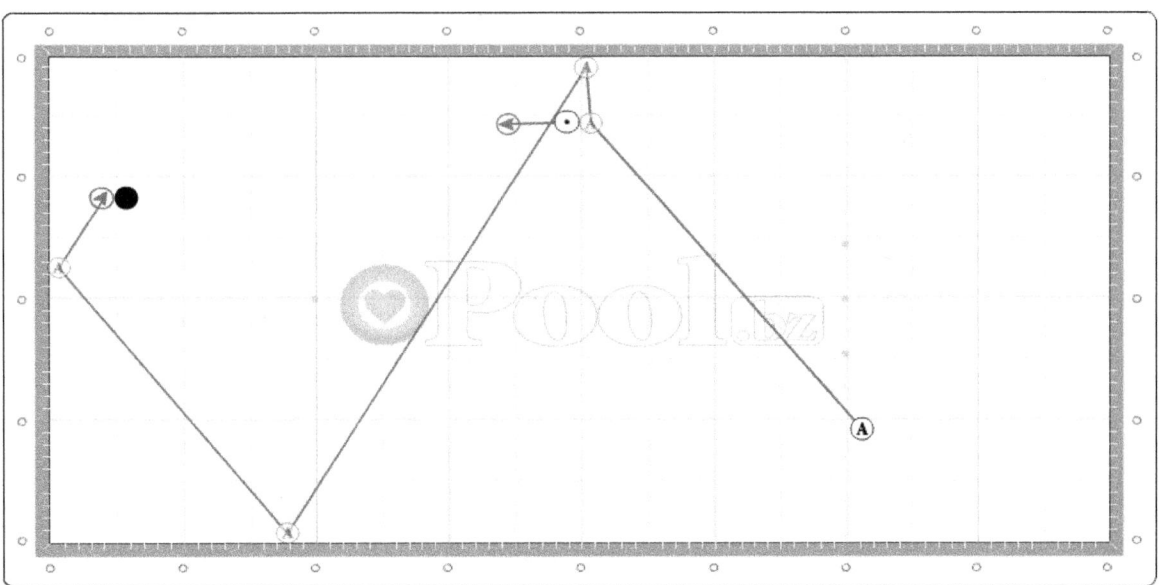

D:2b – Inrätta

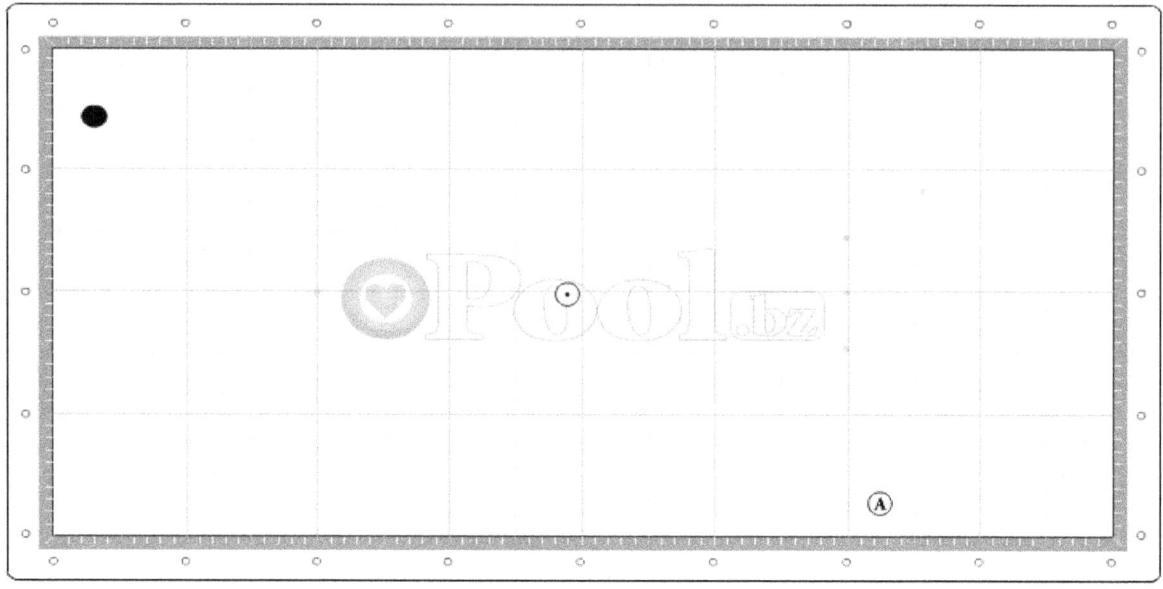

Anteckningar och idéer:

Skottmönster

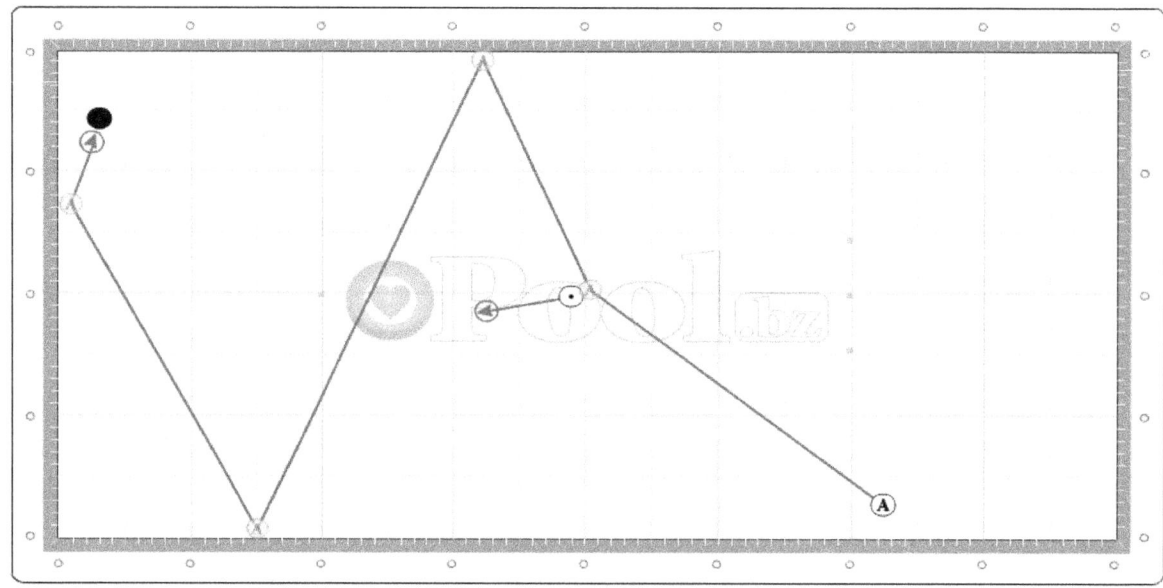

D:2c – Inrätta

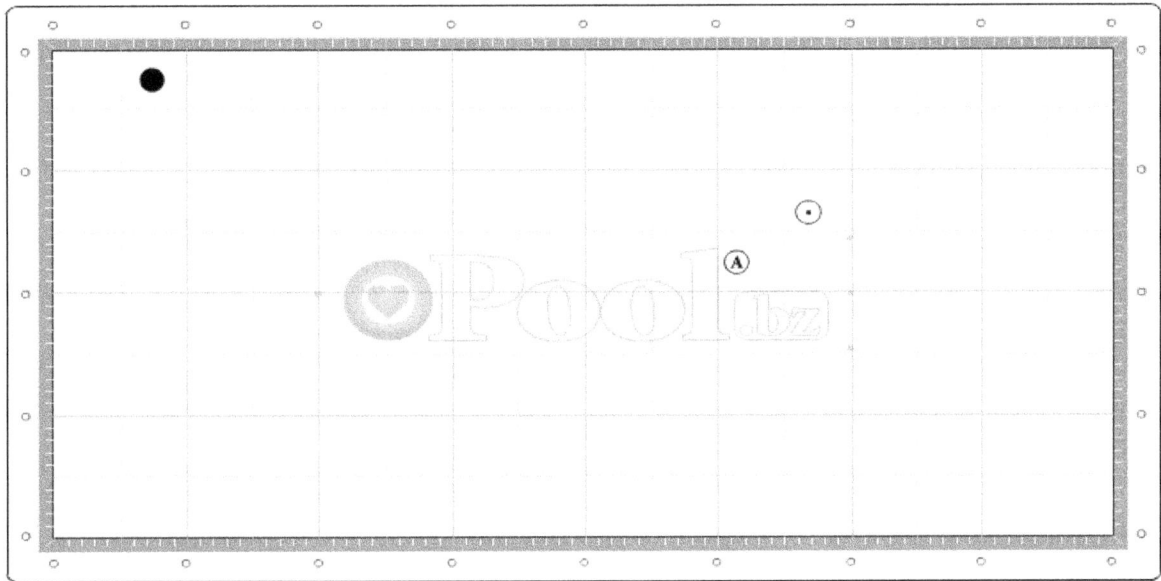

Anteckningar och idéer:

Skottmönster

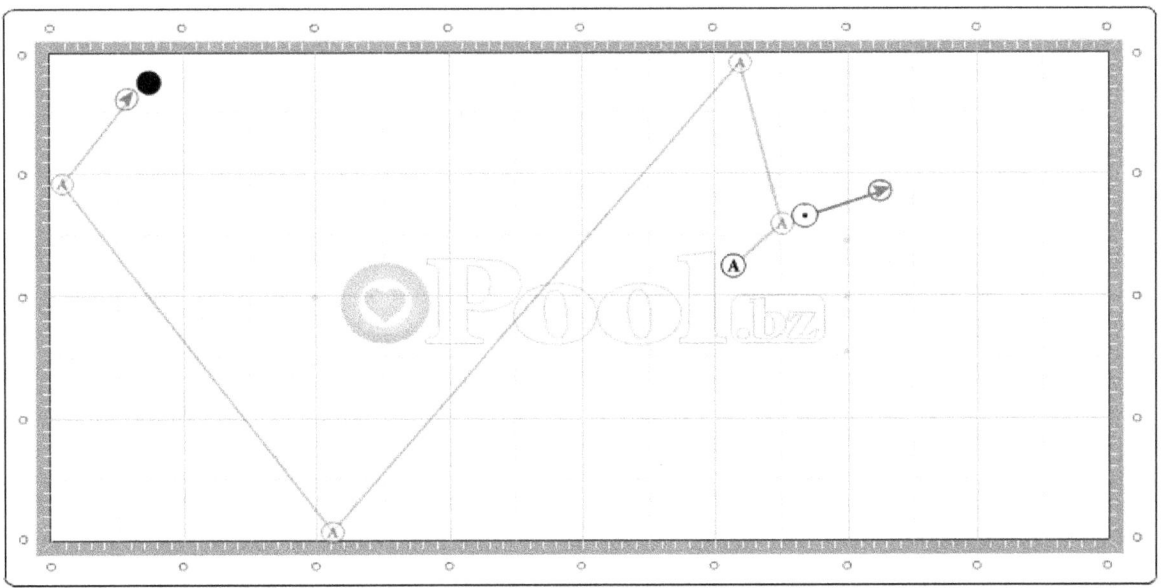

D:2d – Inrätta

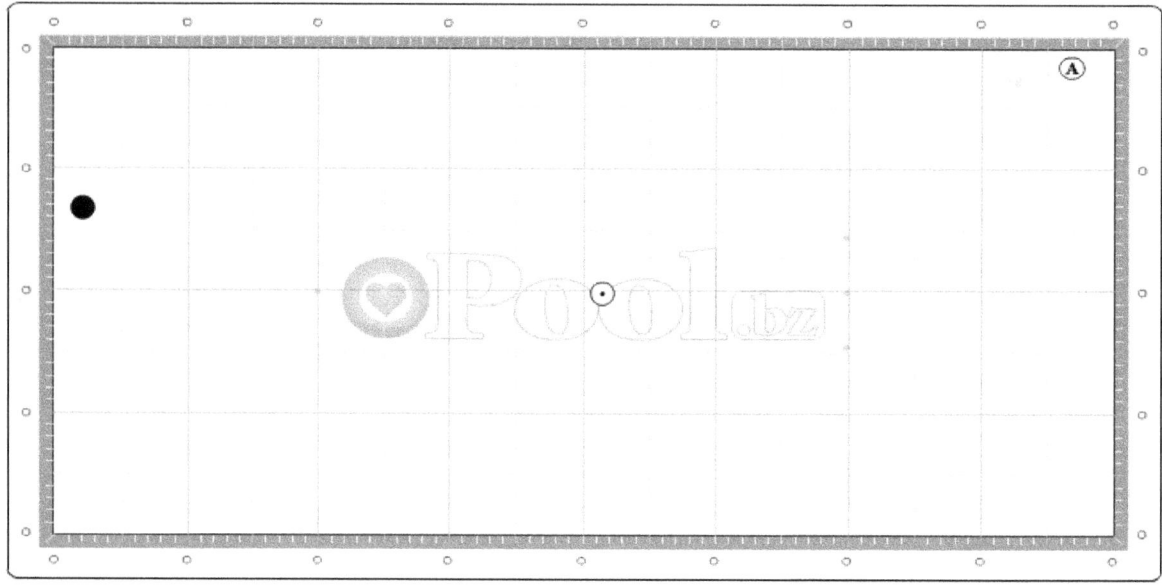

Anteckningar och idéer:

Skottmönster

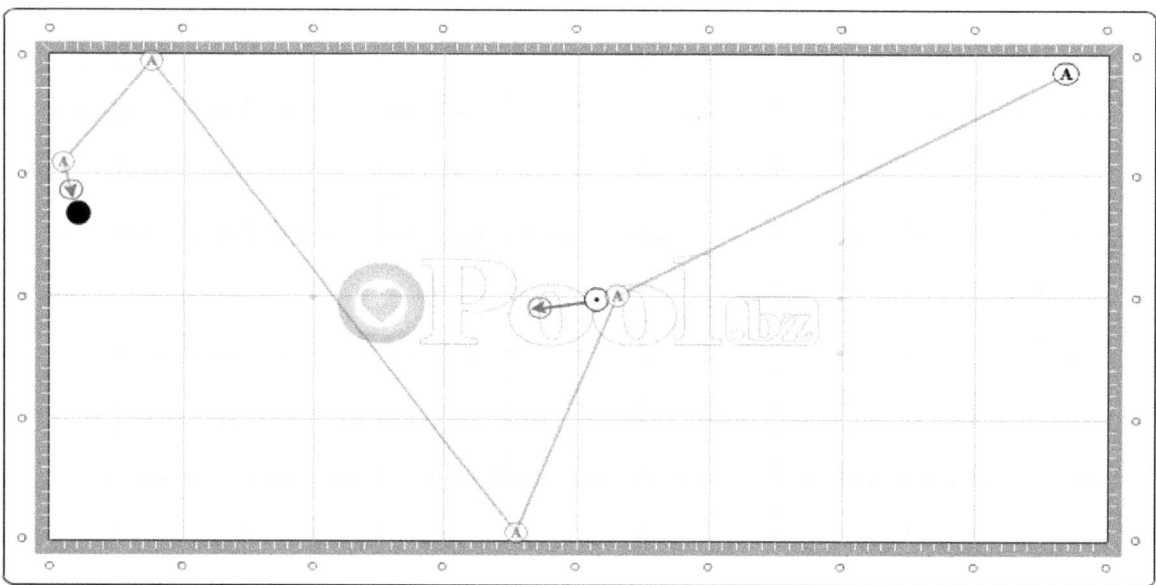

D: Grupp 3

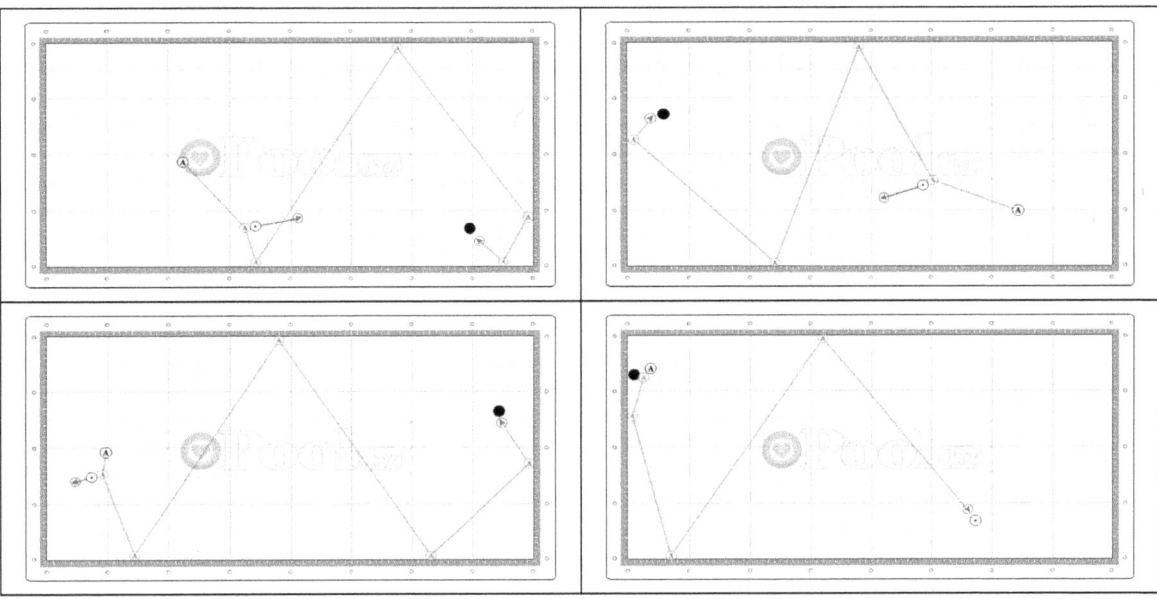

Analys:

D:3a. _____

D:3b. _____

D:3c. _____

D:3d. _____

D:3a – Inrätta

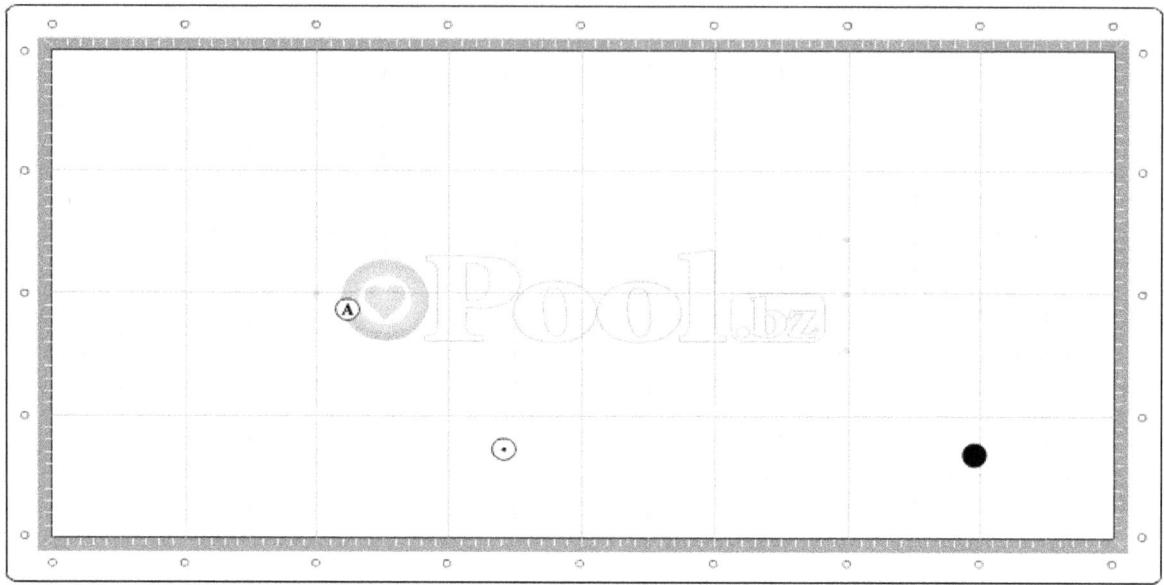

Anteckningar och idéer:

Skottmönster

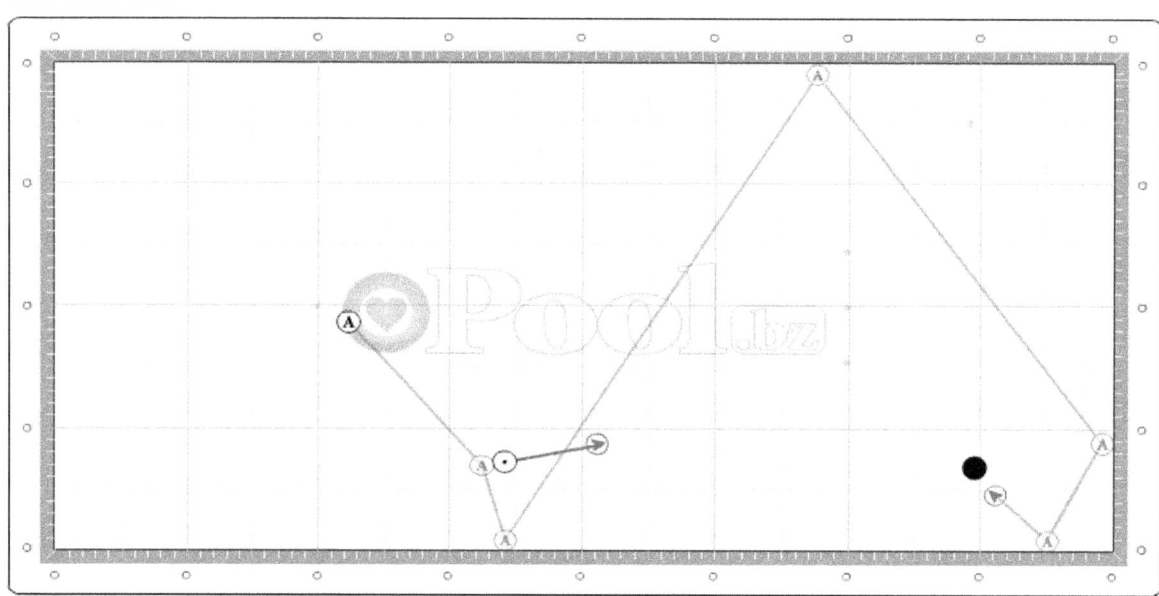

D:3b – Inrätta

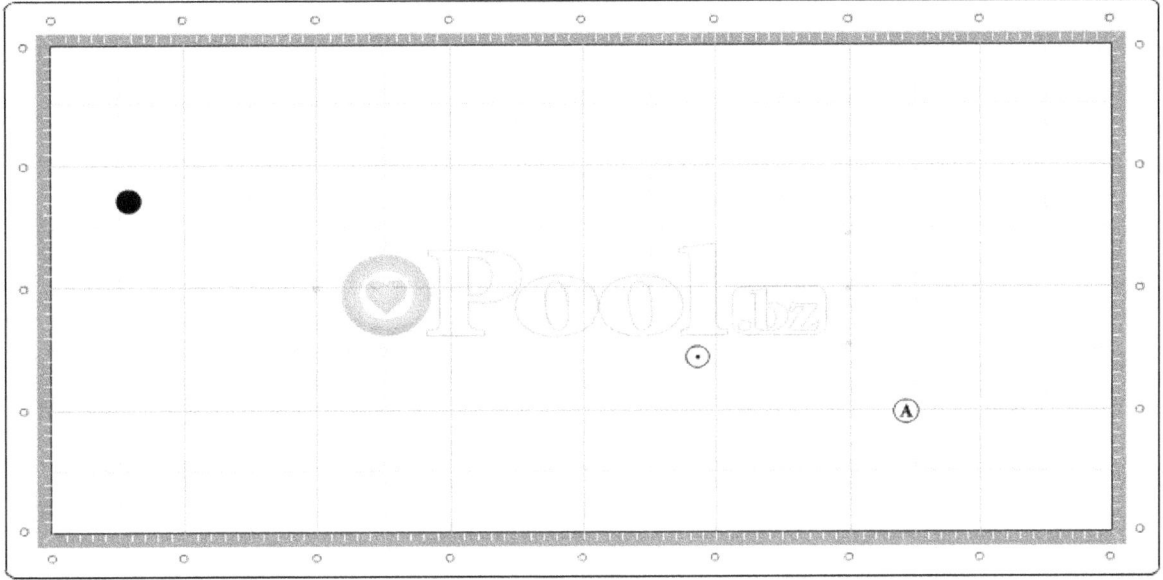

Anteckningar och idéer:

Skottmönster

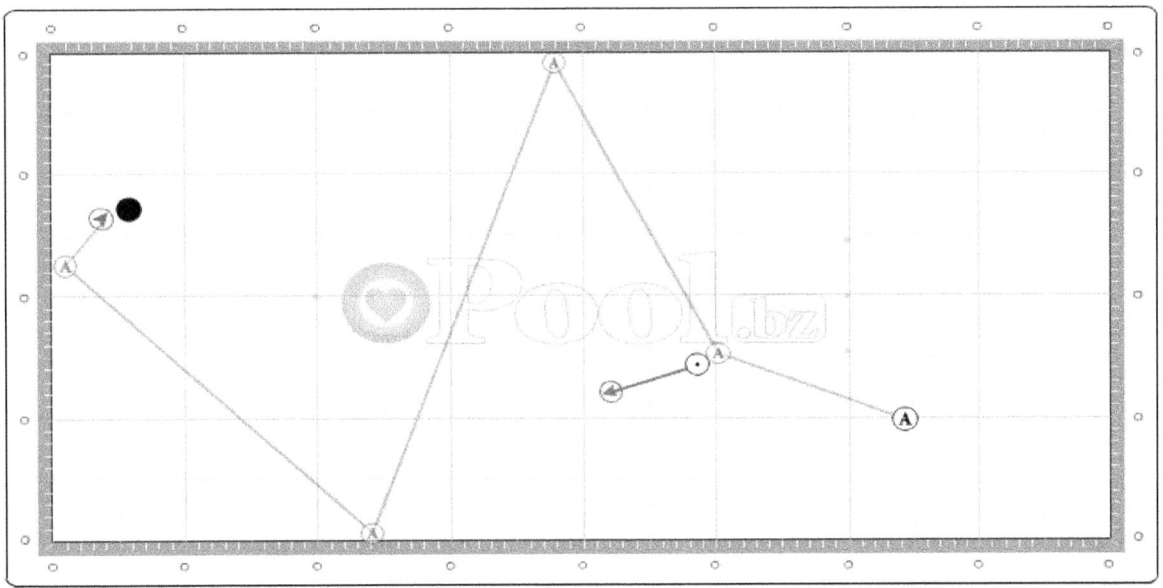

D:3c – Inrätta

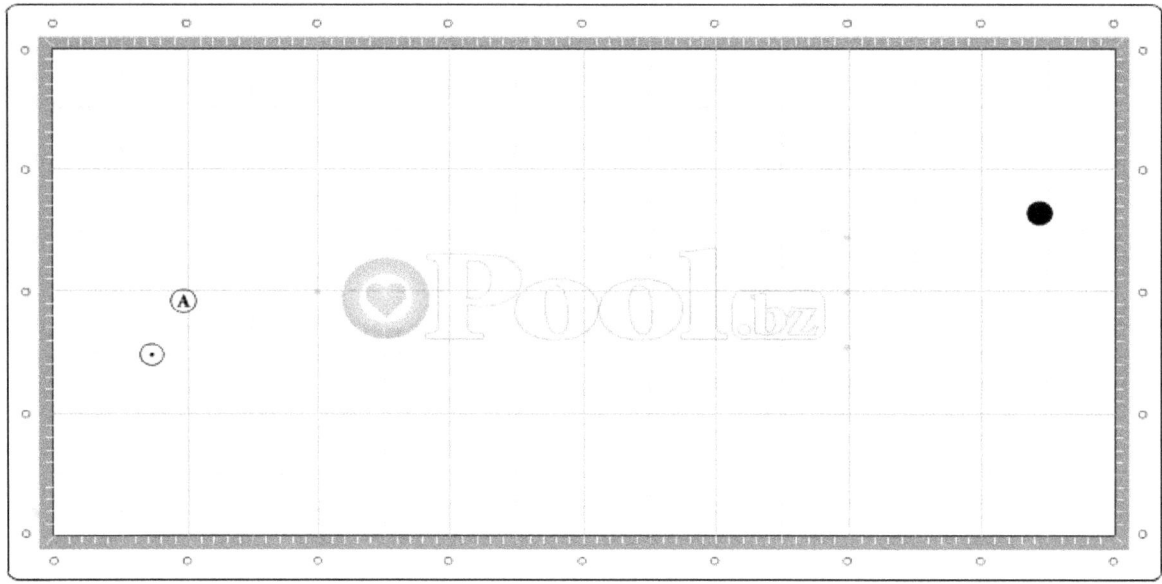

Anteckningar och idéer:

Skottmönster

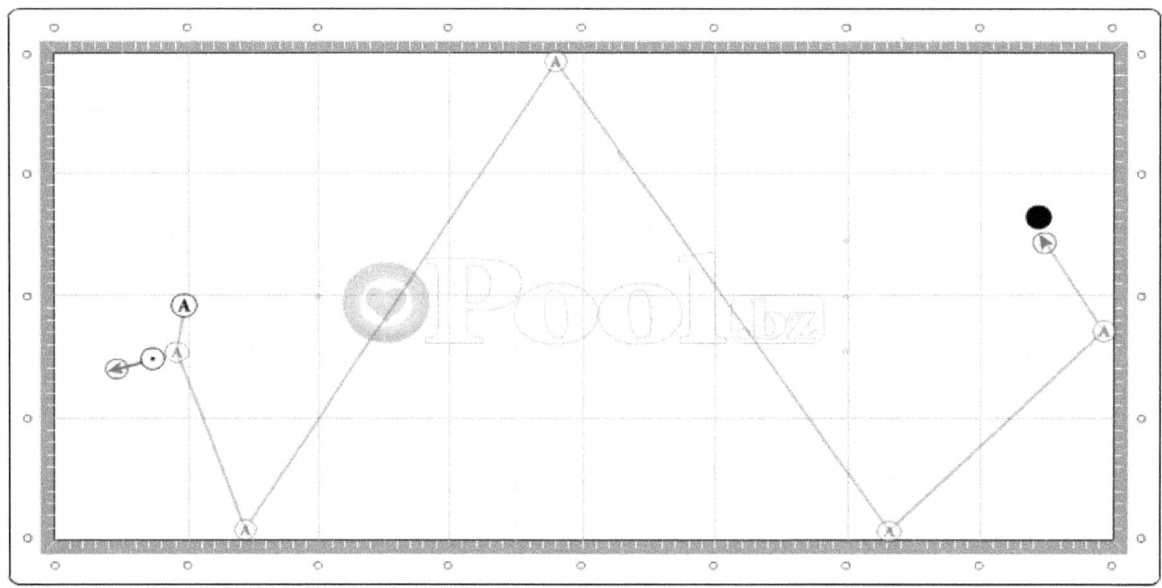

D:3d – Inrätta

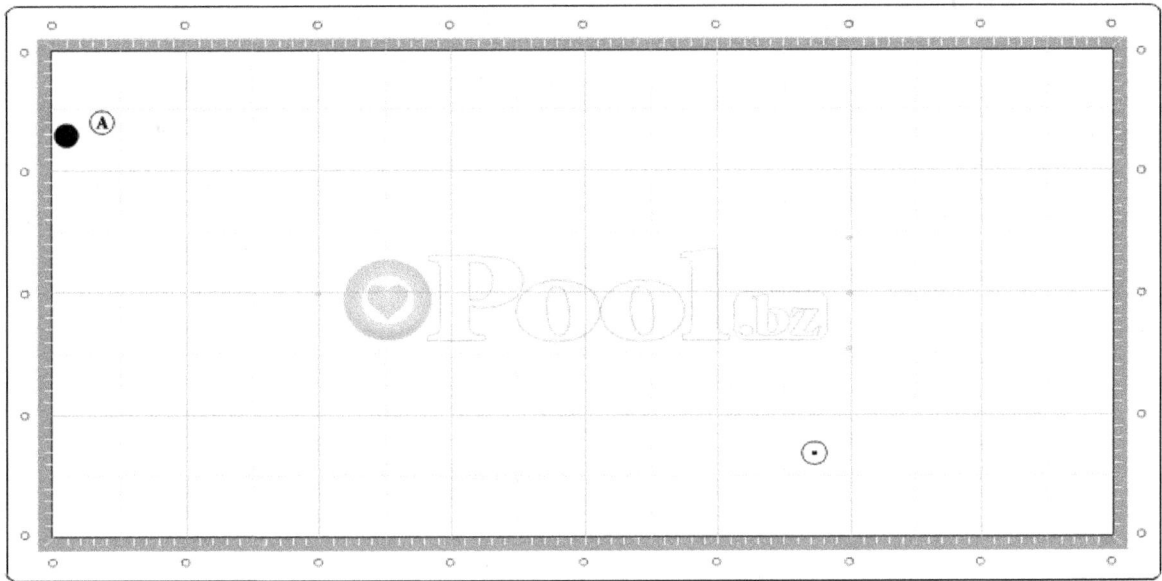

Anteckningar och idéer:

Skottmönster

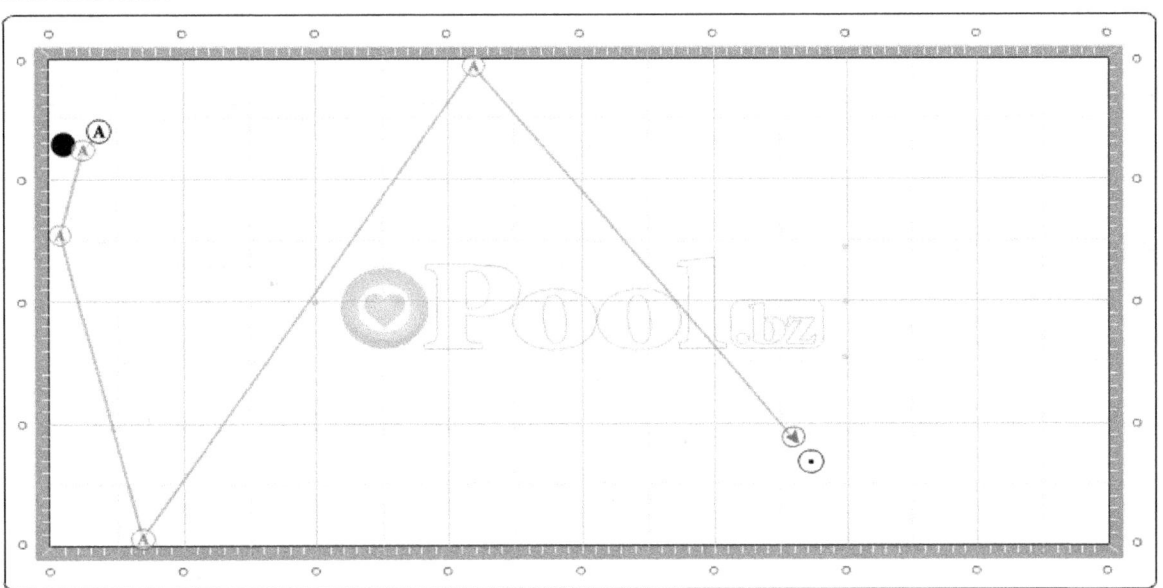

E: Fullbord sicksack

CB (CB) kontaktar båda långa vallarna när den färdas hela bordets längd.

Ⓐ (CB) (din biljardboll) - ⊙ (OB) (motståndare biljardboll) - ● (OB) (röd biljardboll)

E: Grupp 1

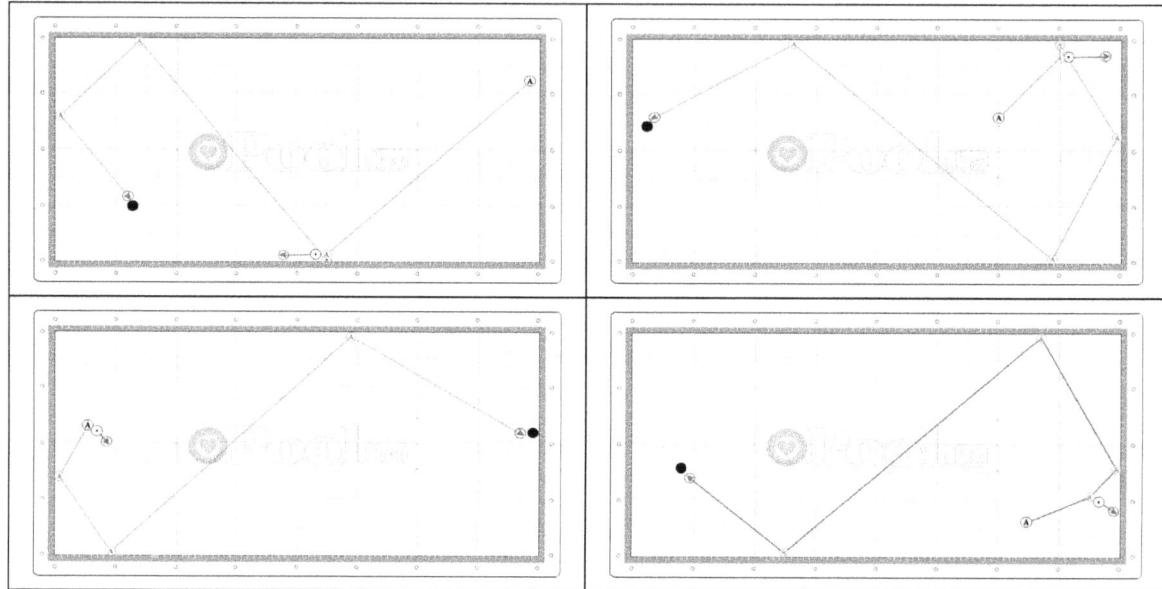

Analys:

E:1a. _____

E:1b. _____

E:1c. _____

E:1d. _____

E:1a – Inrätta

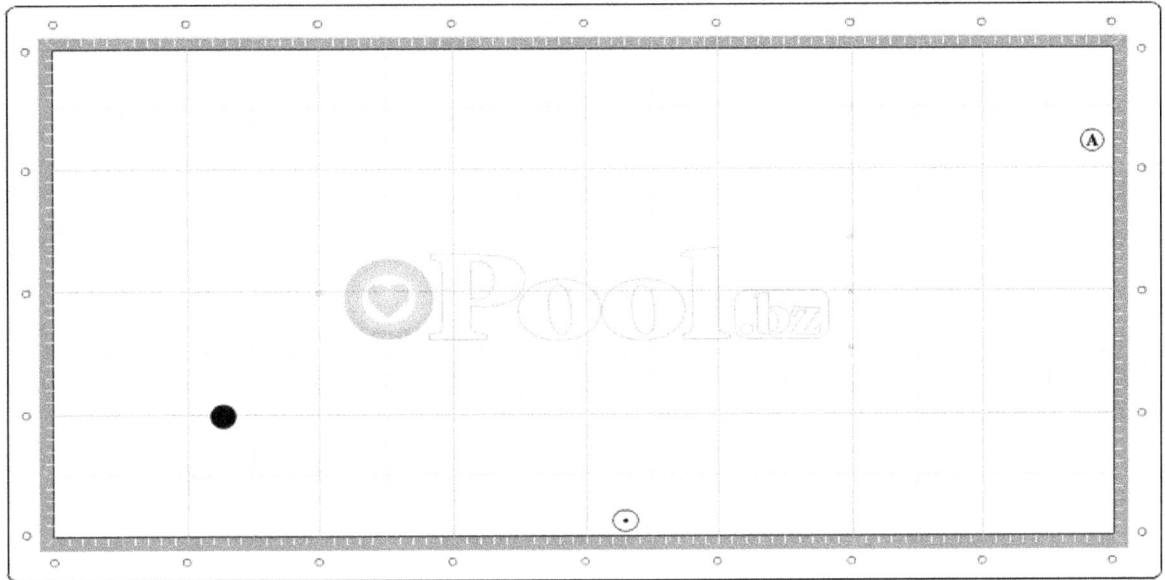

Anteckningar och idéer:

Skottmönster

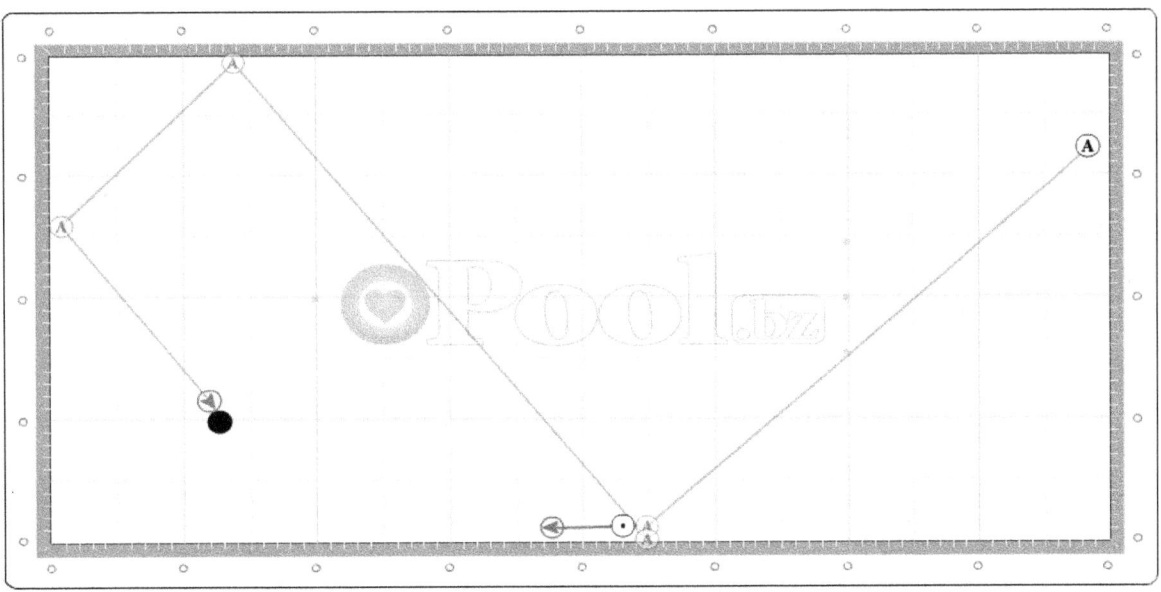

E:1b – Inrätta

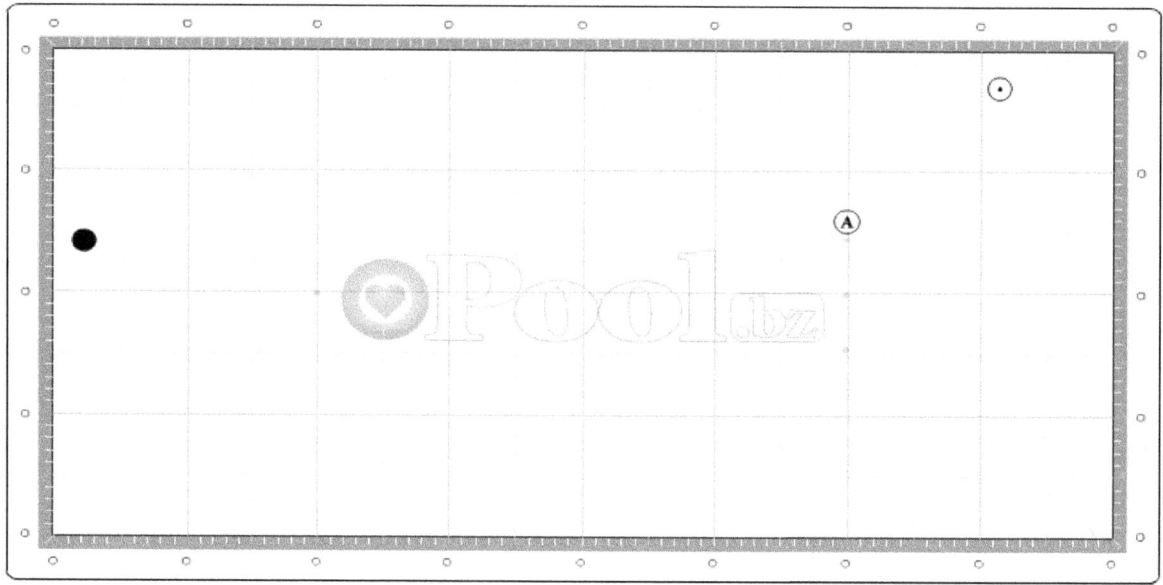

Anteckningar och idéer:

Skottmönster

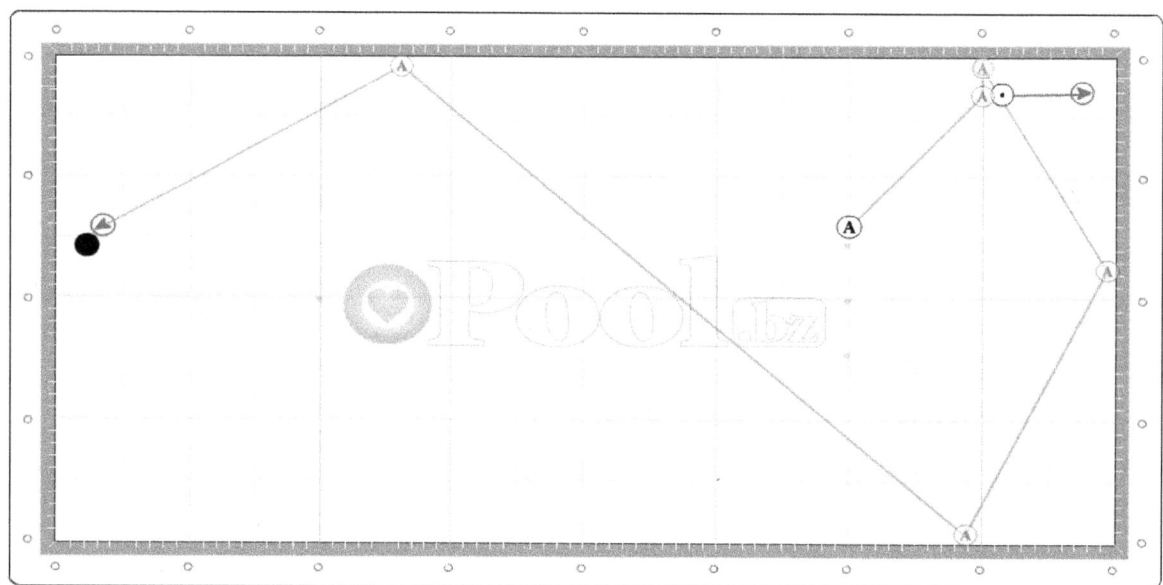

E:1c – Inrätta

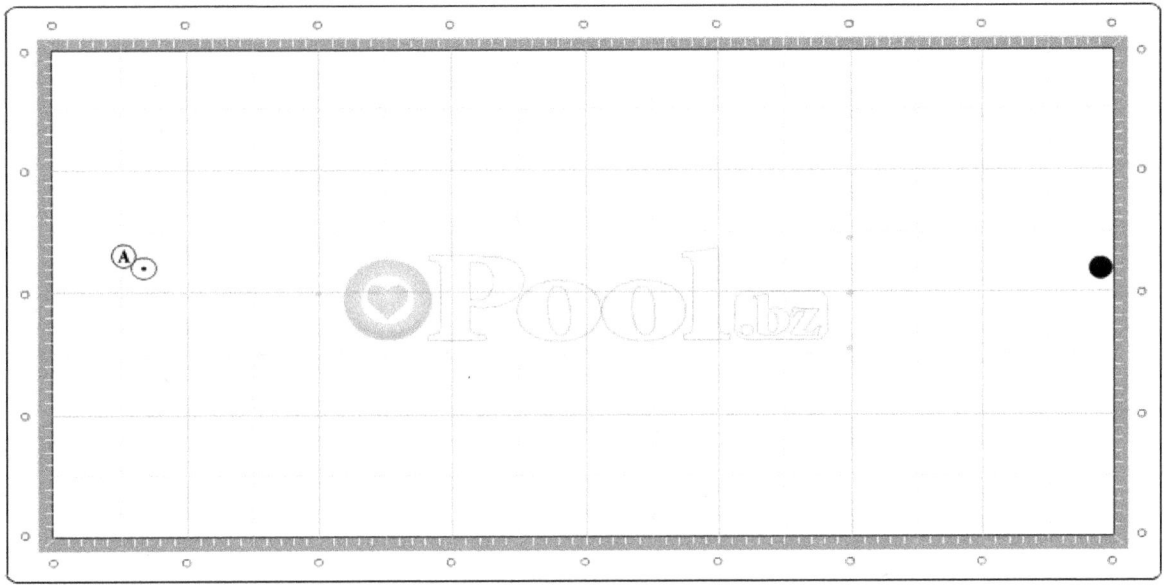

Anteckningar och idéer:

Skottmönster

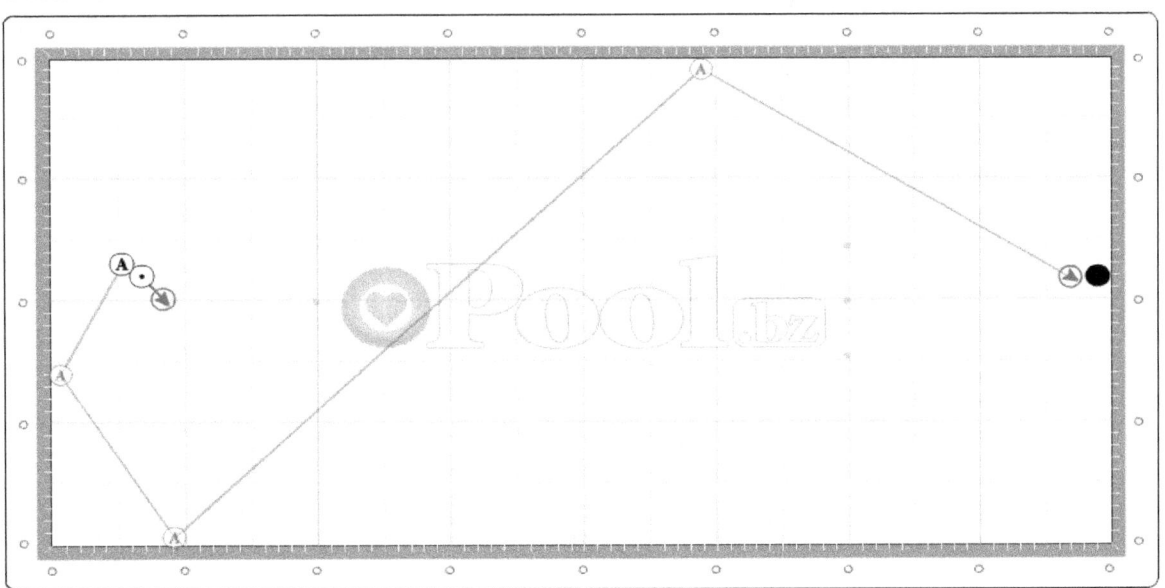

E:1d – Inrätta

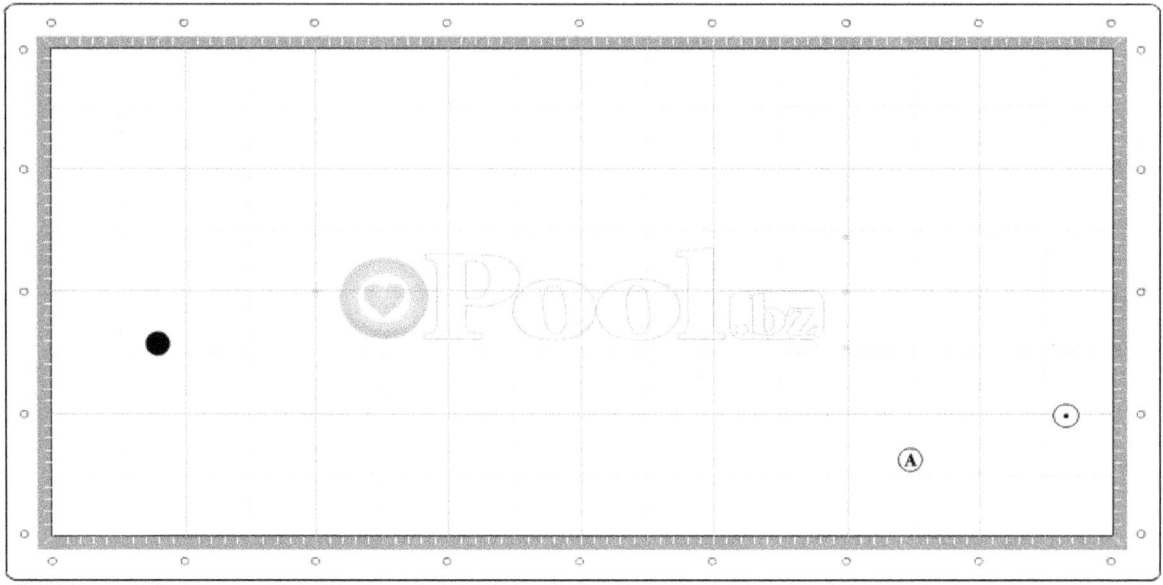

Anteckningar och idéer:

Skottmönster

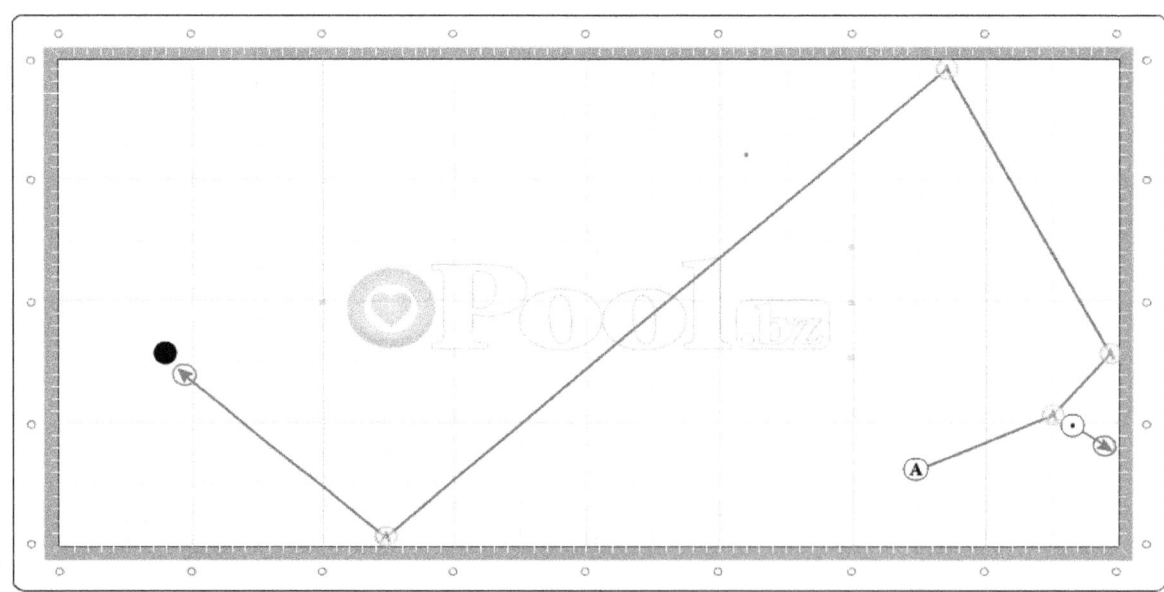

E: Grupp 2

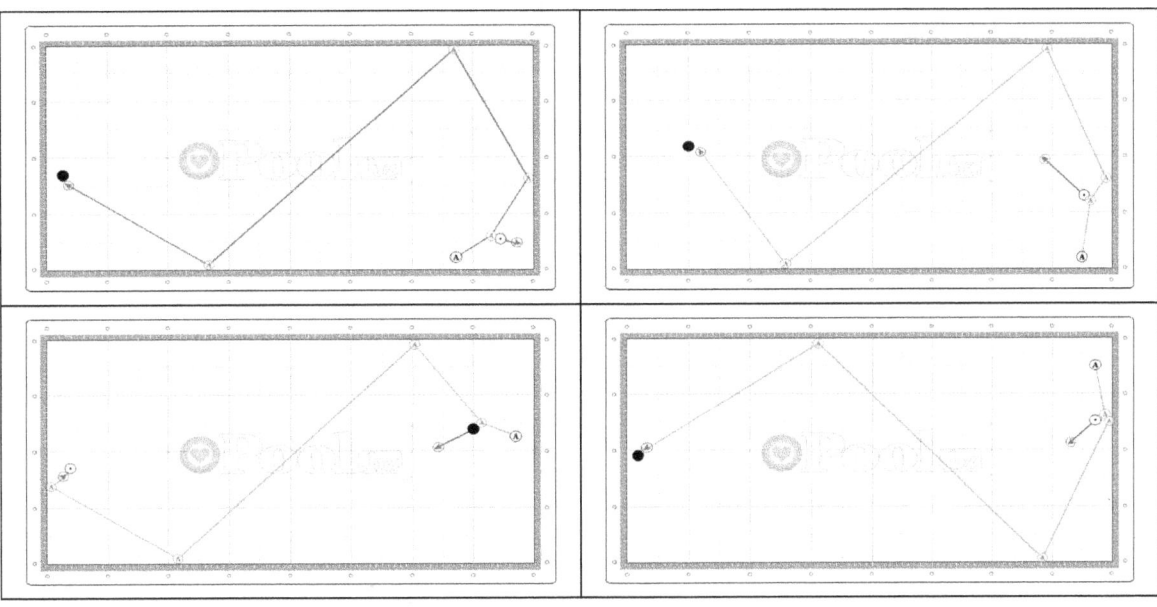

Analys:

E:2a. _____

E:2b. _____

E:2c. _____

E:2d. _____

E:2a – Inrätta

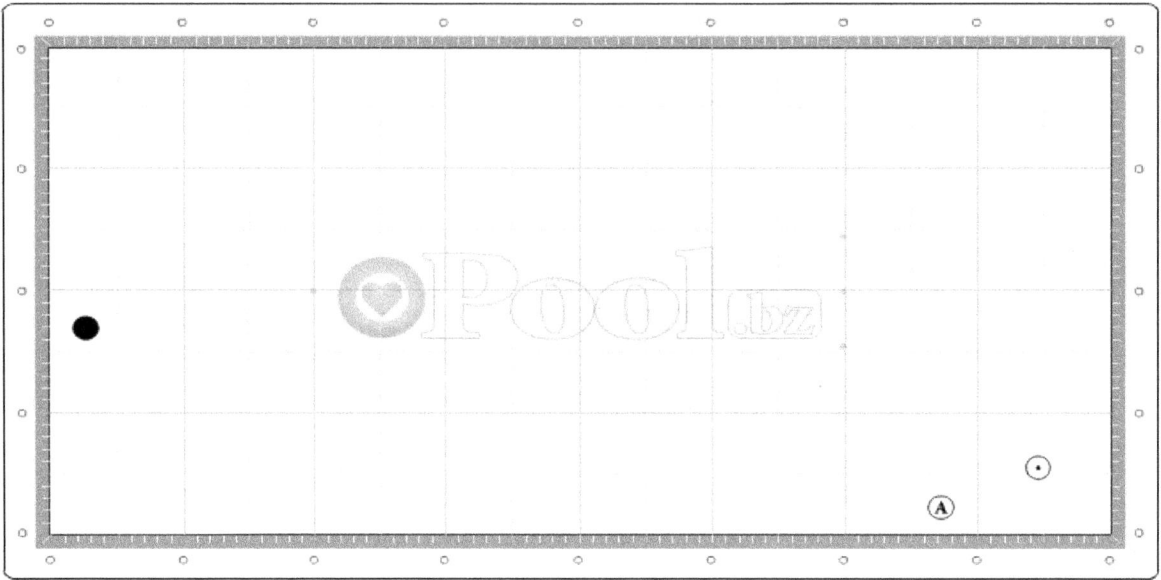

Anteckningar och idéer:

Skottmönster

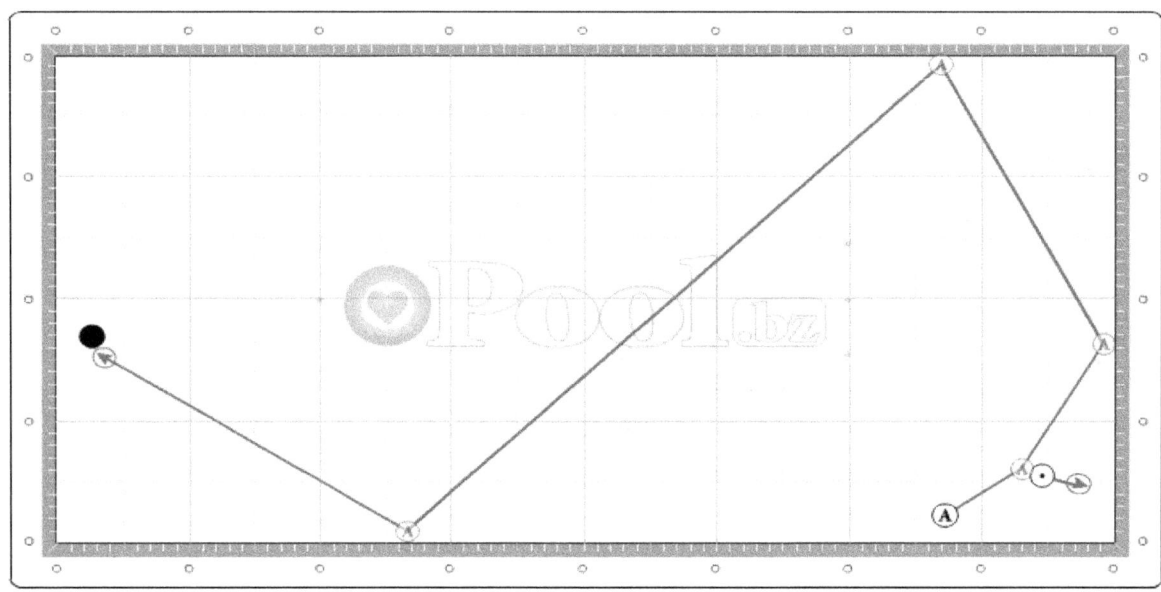

E:2b – Inrätta

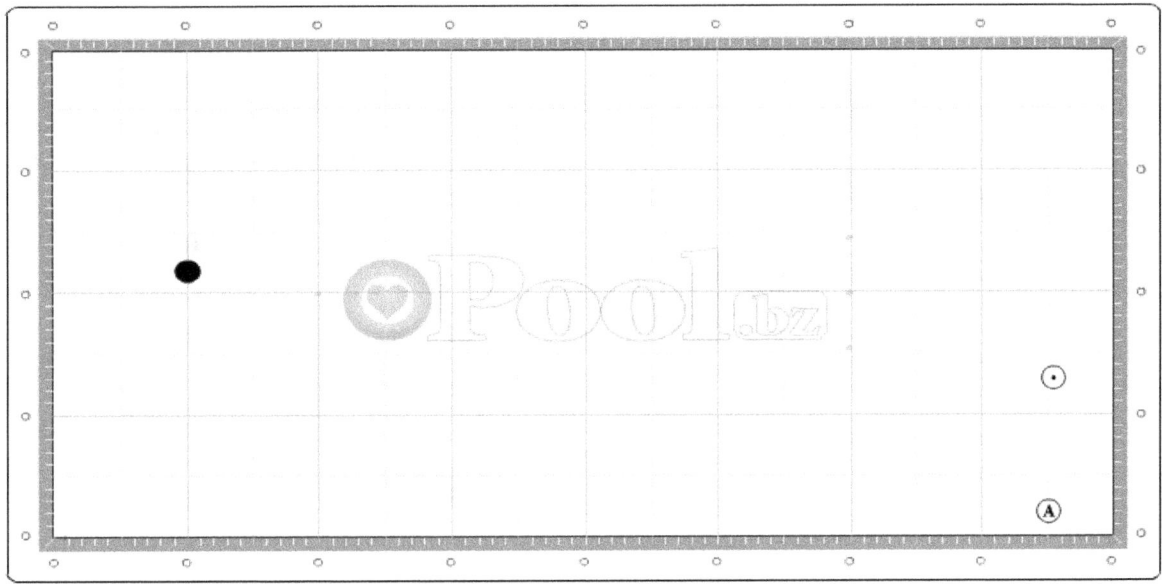

Anteckningar och idéer:

Skottmönster

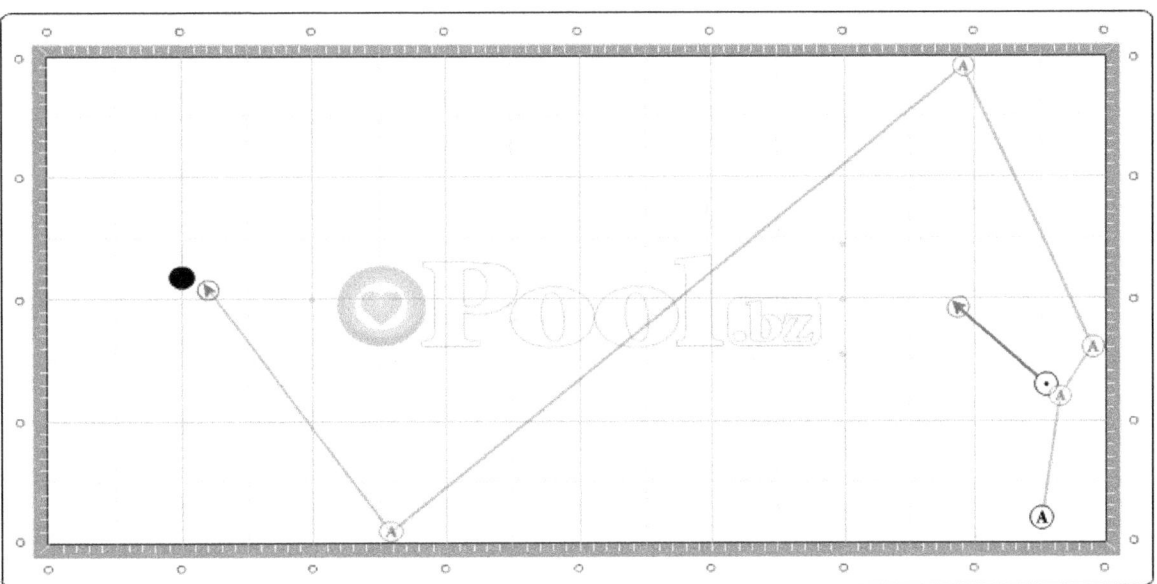

E:2c – Inrätta

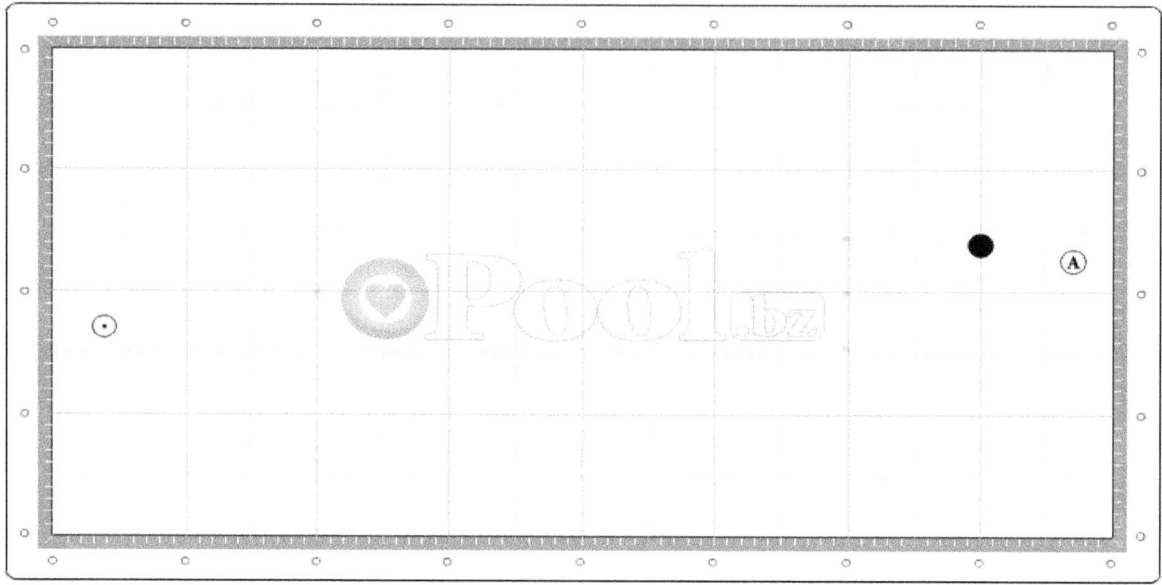

Anteckningar och idéer:

Skottmönster

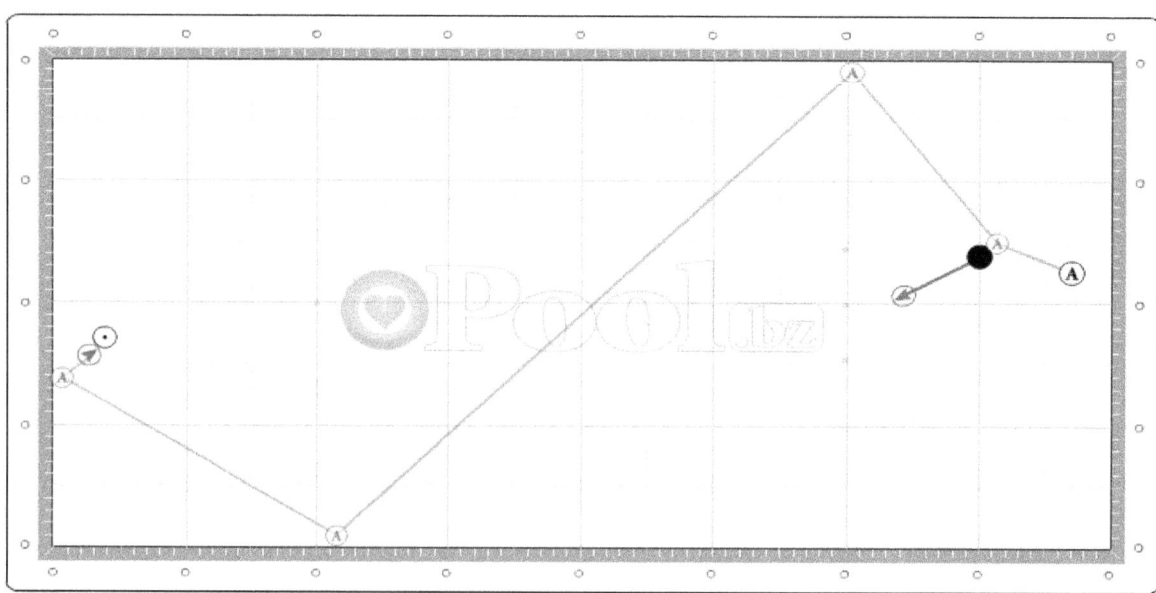

E:2d – Inrätta

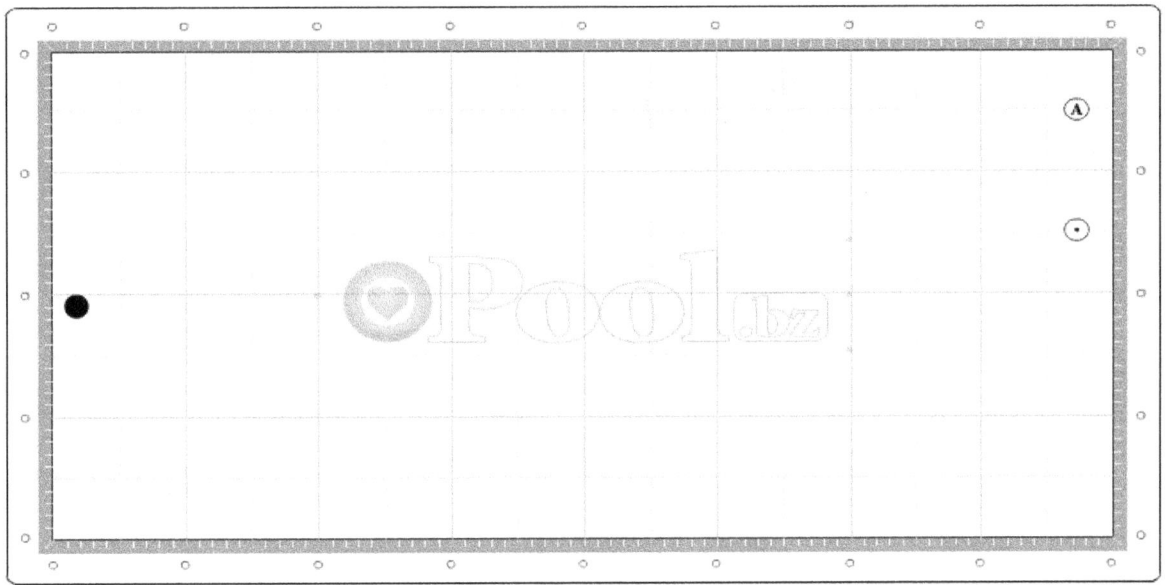

Anteckningar och idéer:

Skottmönster

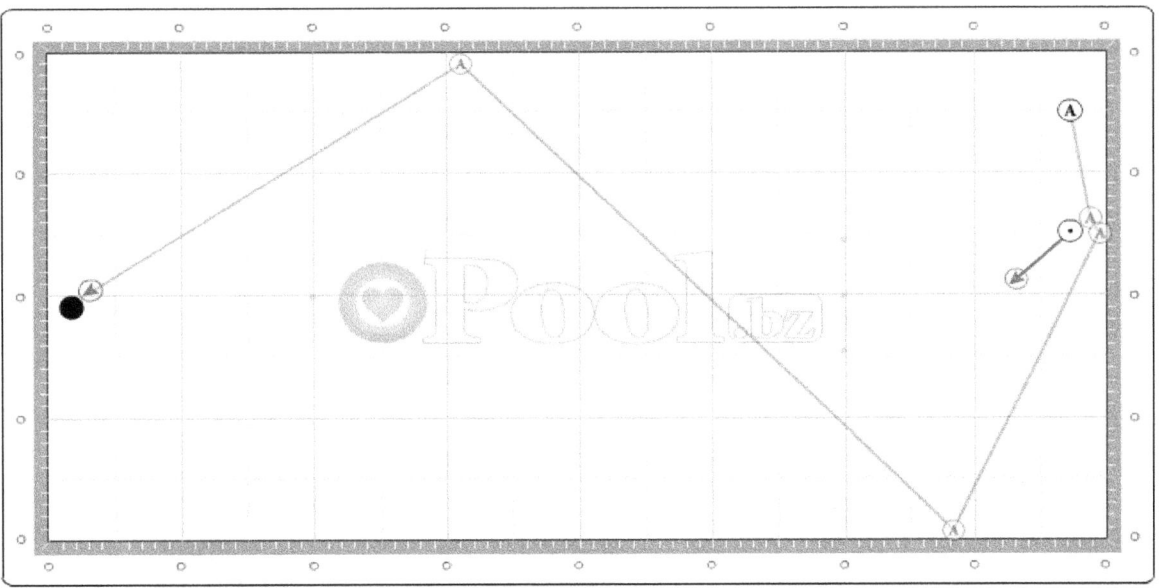

F: Lång bordssyg-zag

Sicksackmönstret (CB) rör sig upp och ner längs det långa bordet.

Ⓐ (CB) (din biljardboll) - ⊙ (OB) (motståndare biljardboll) - ● (OB) (röd biljardboll)

F: Grupp 1

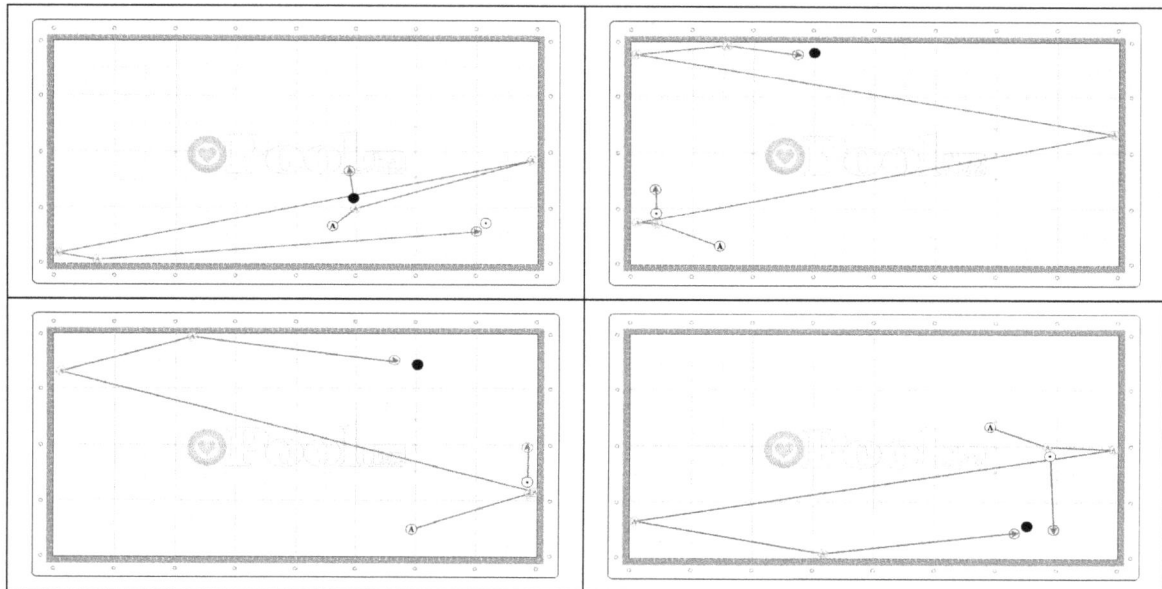

Analys:

F:1a. _____

F:1b. _____

F:1c. _____

F:1d. _____

F:1a – Inrätta

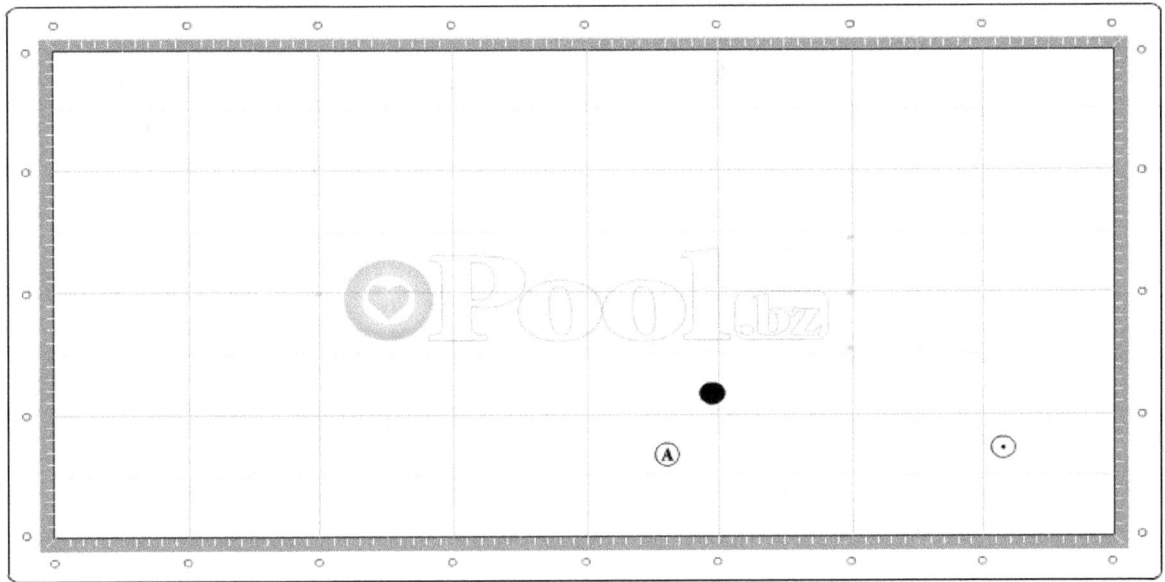

Anteckningar och idéer:

Skottmönster

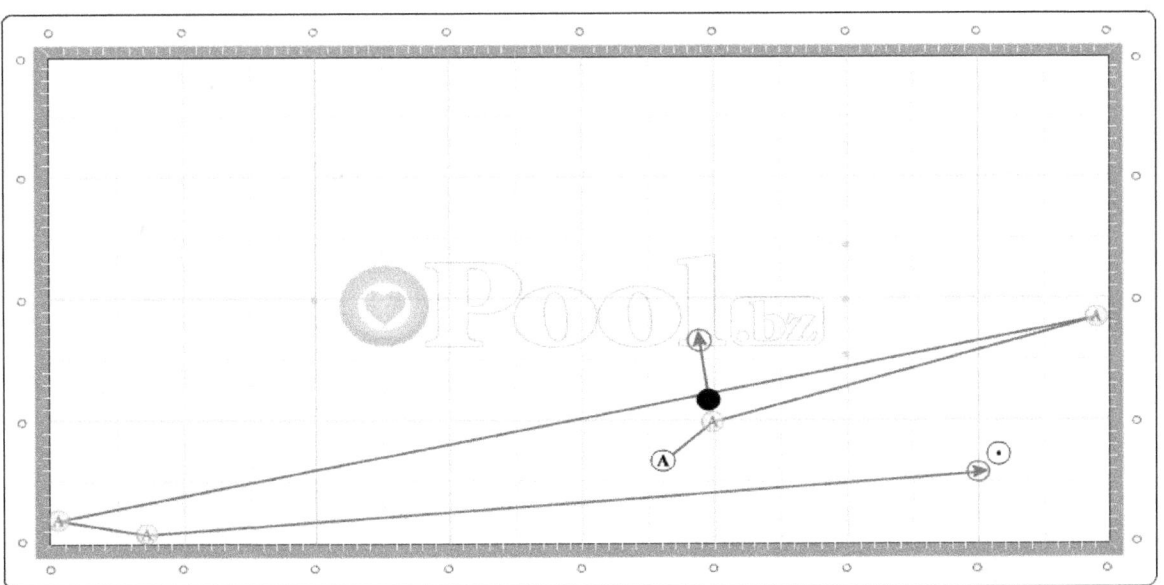

F:1b – Inrätta

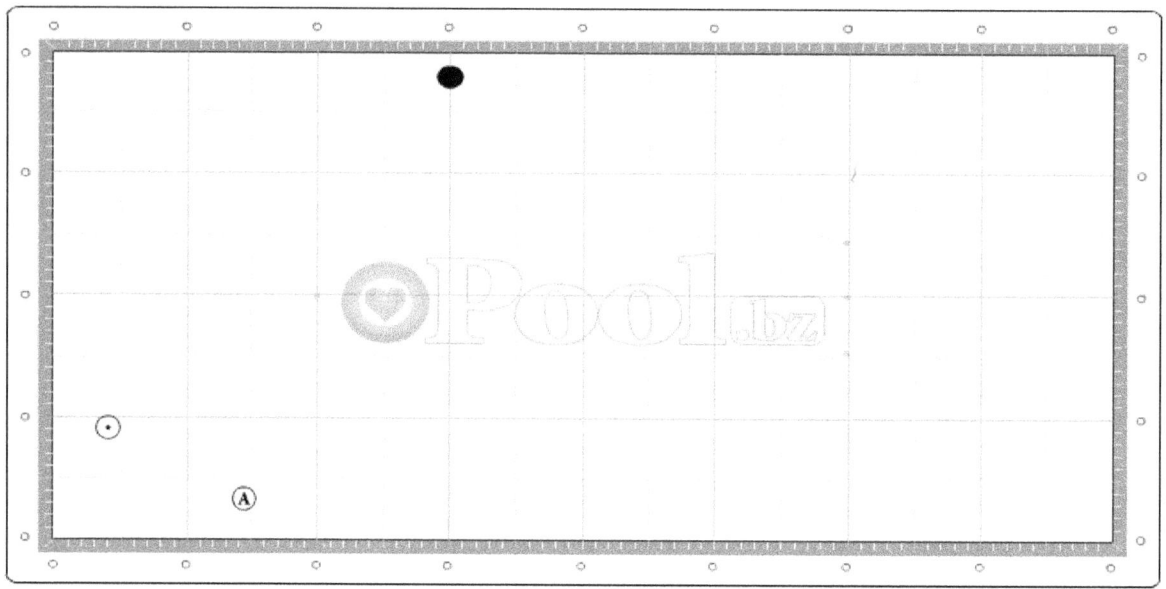

Anteckningar och idéer:

Skottmönster

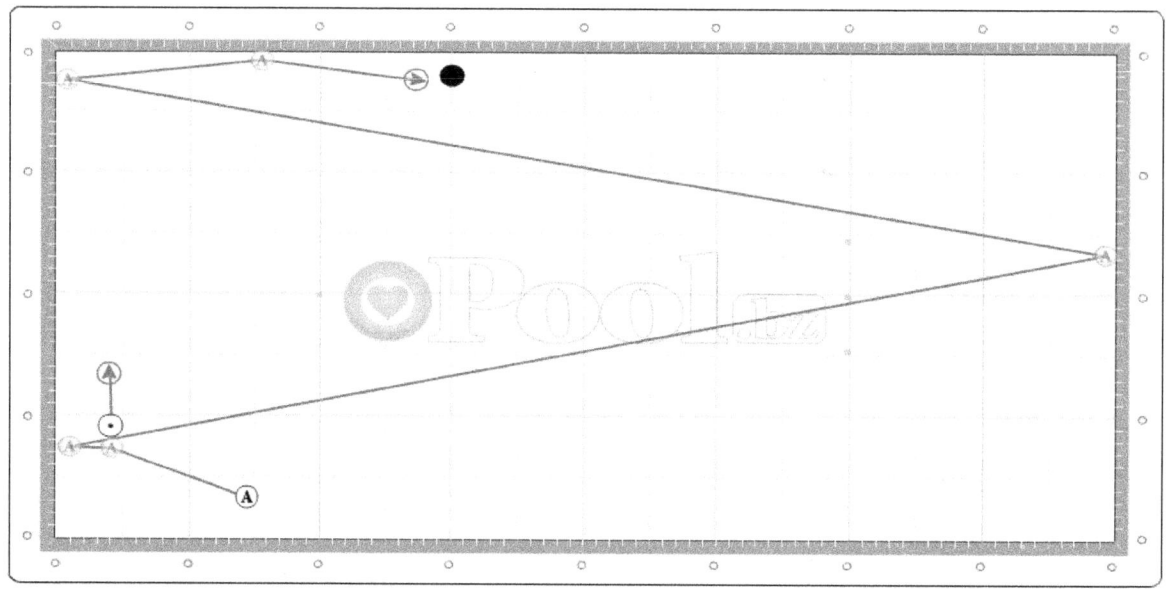

F:1c – Inrätta

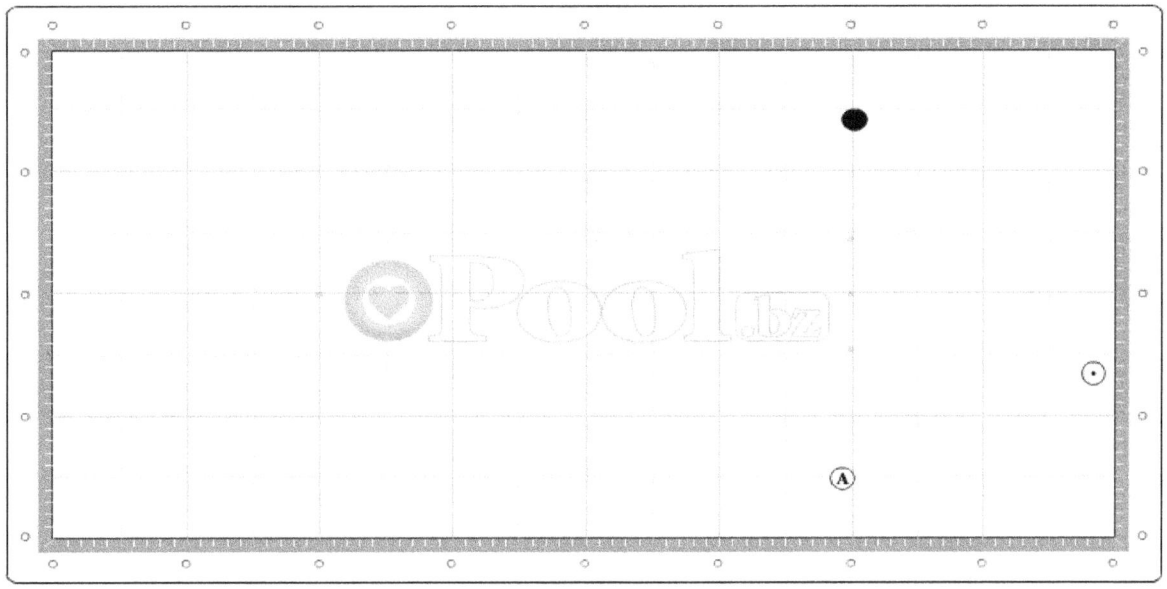

Anteckningar och idéer:

Skottmönster

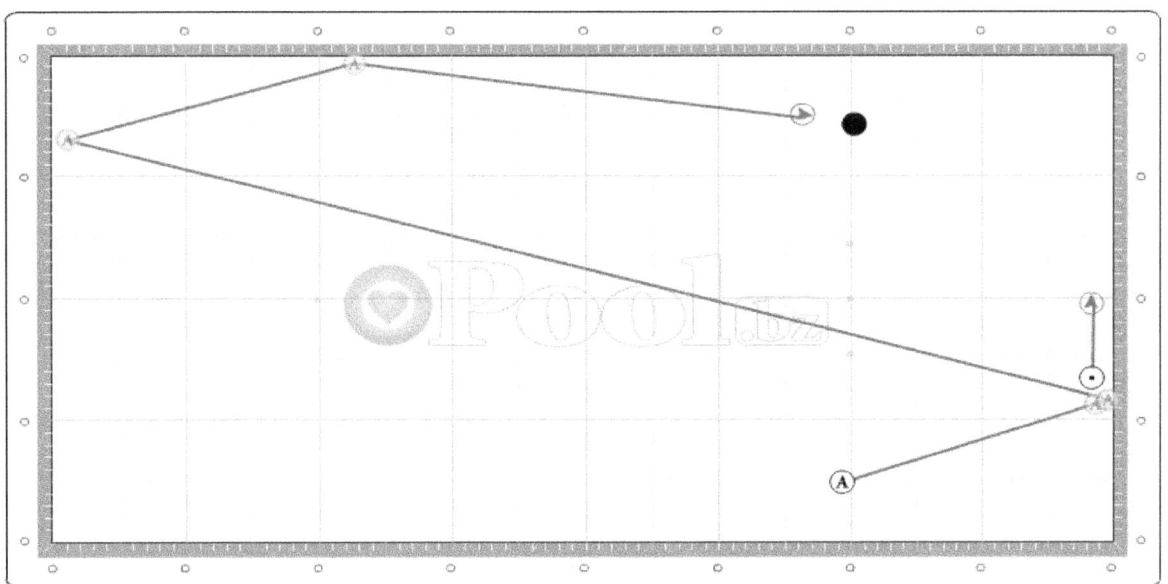

F:1d – Inrätta

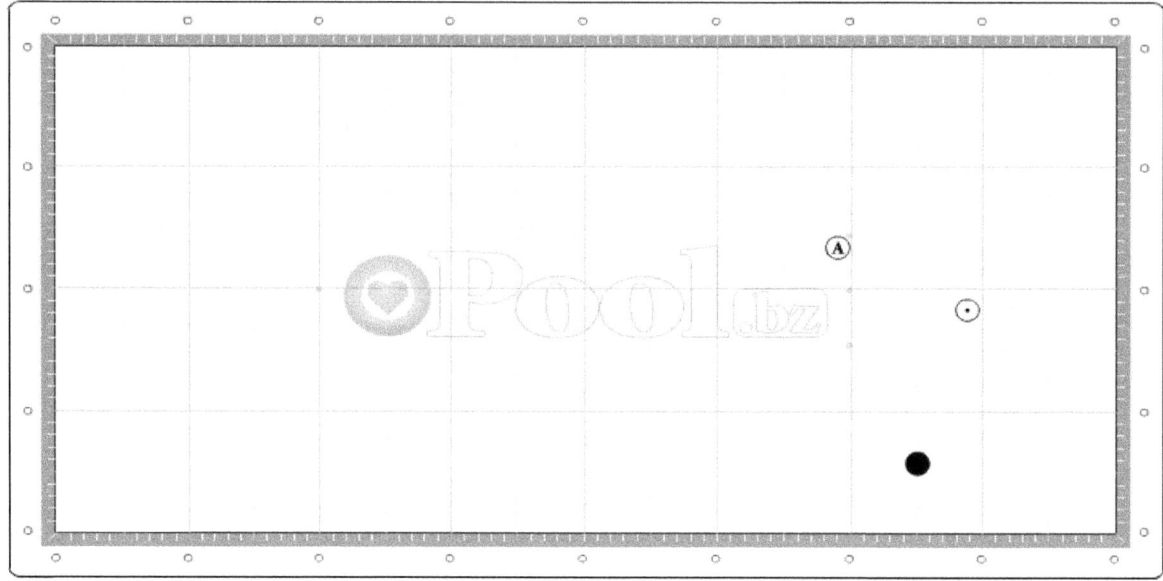

Anteckningar och idéer:

Skottmönster

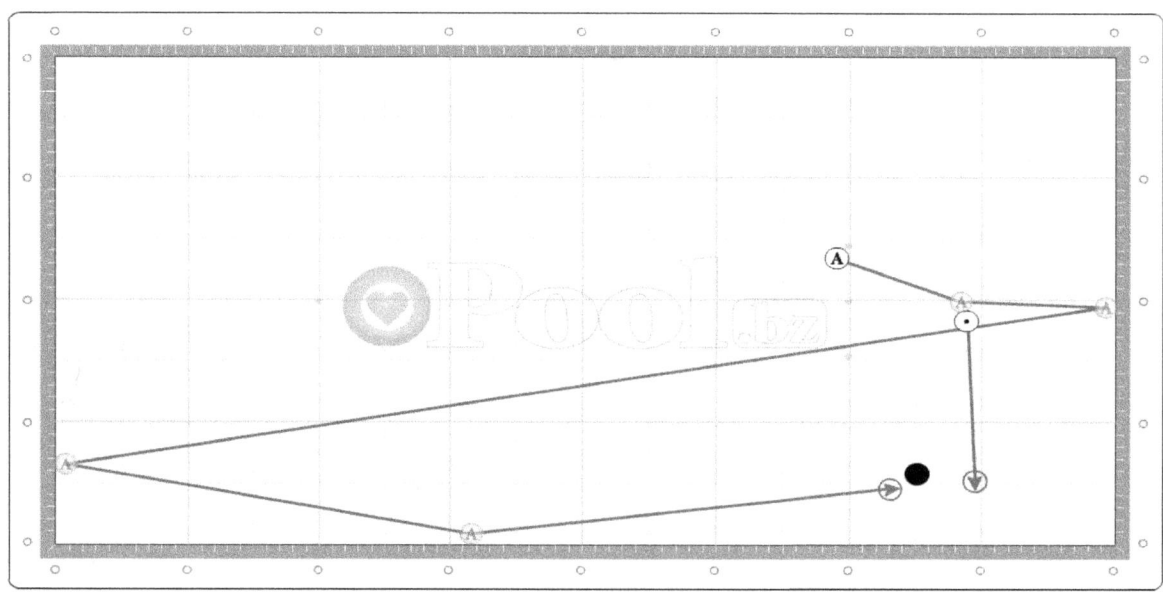

F: Grupp 2

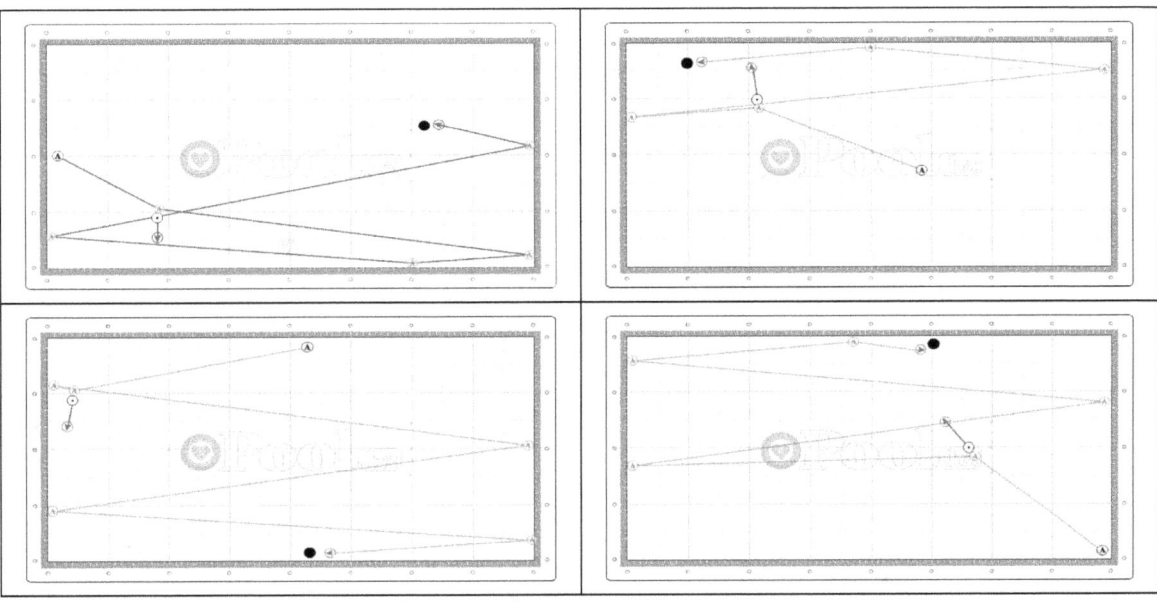

Analys:

F:2a. _____

F:2b. _____

F:2c. _____

F:2d. _____

F:2a – Inrätta

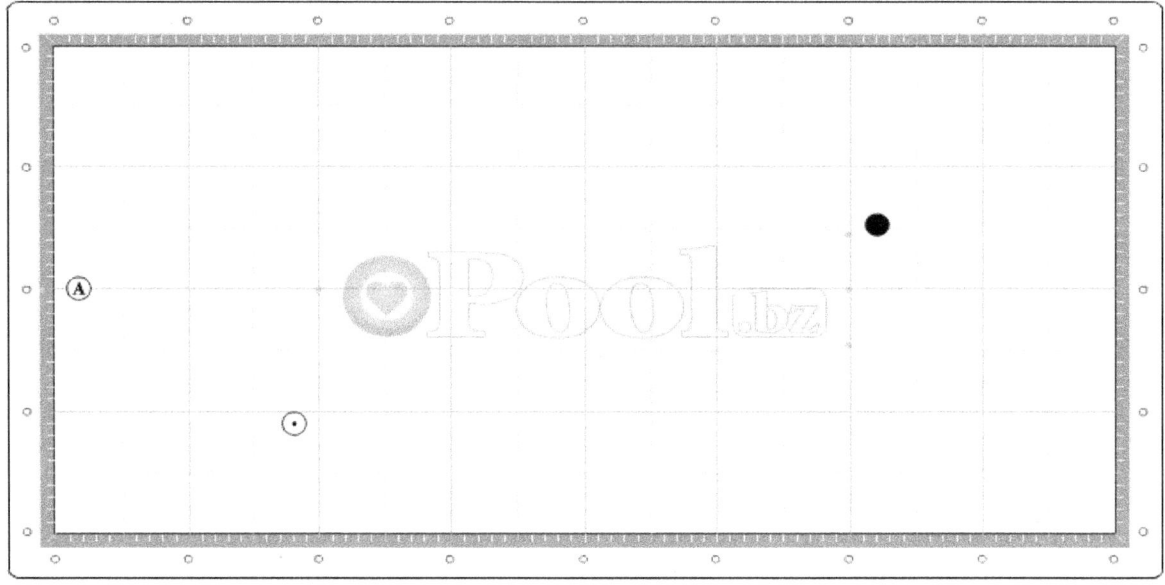

Anteckningar och idéer:

Skottmönster

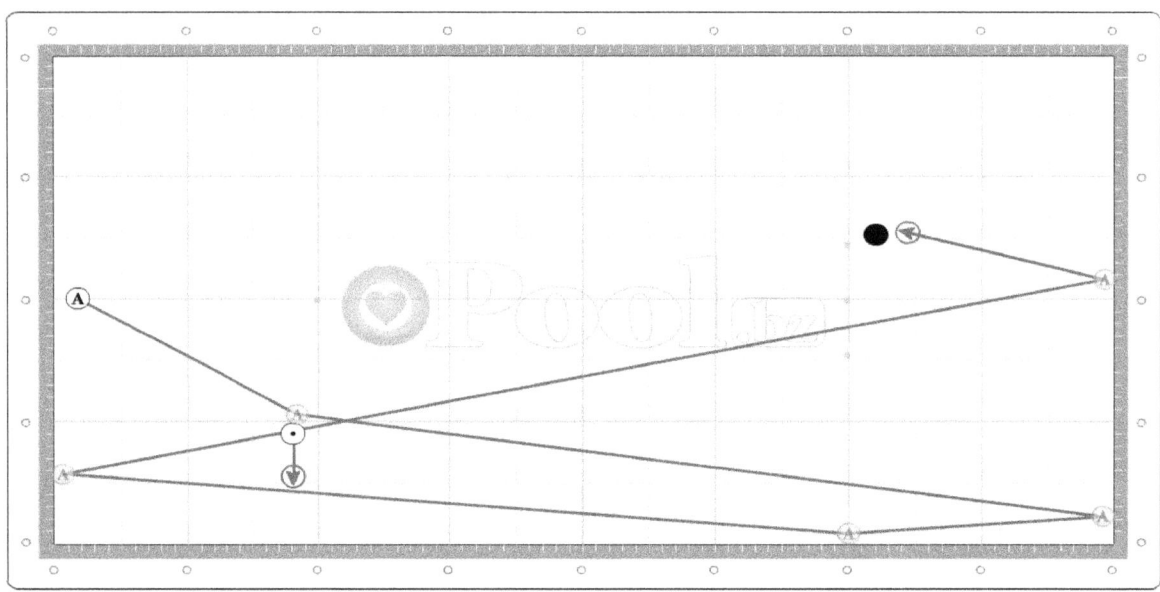

F:2b – Inrätta

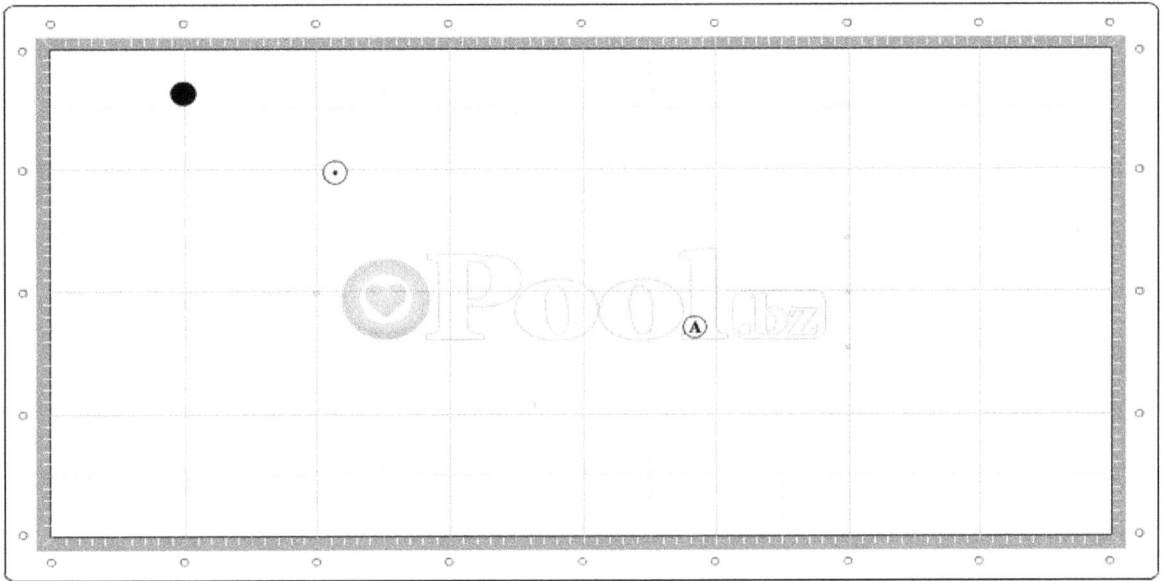

Anteckningar och idéer:

Skottmönster

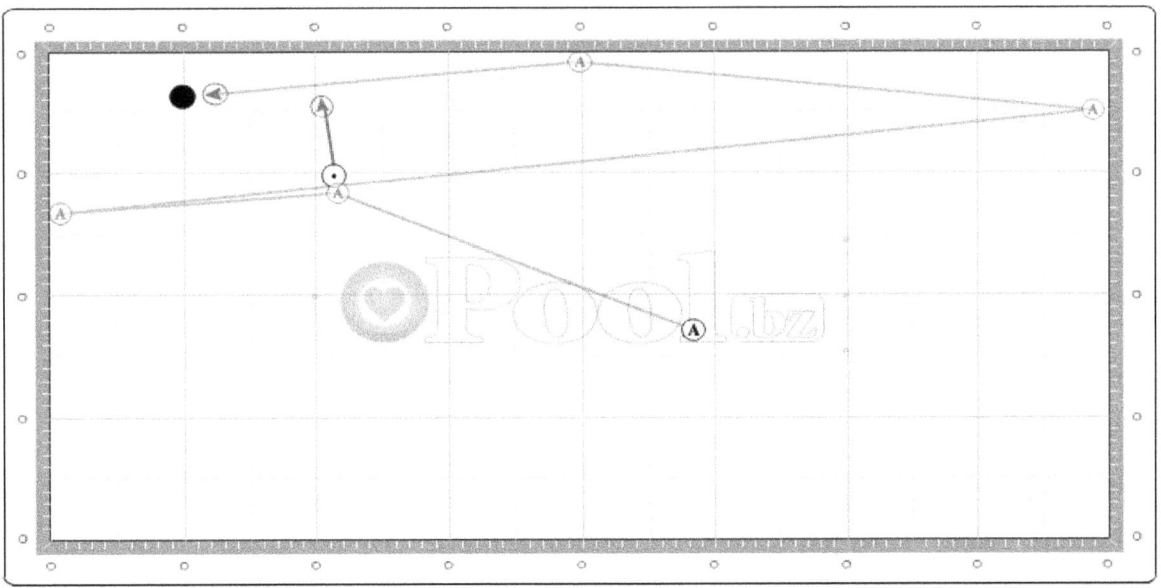

F:2c – Inrätta

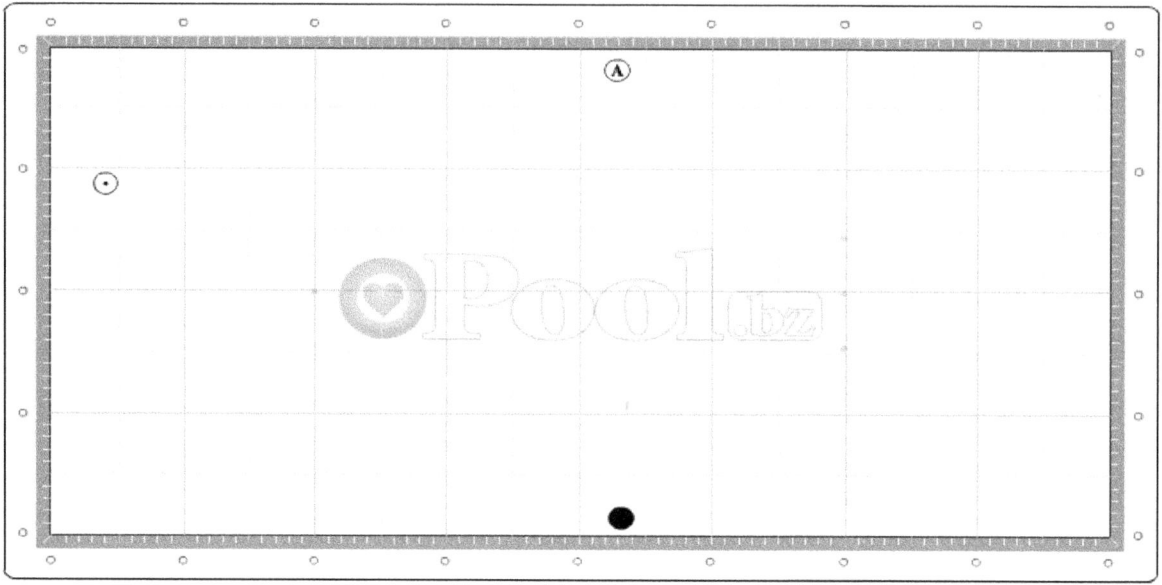

Anteckningar och idéer:

Skottmönster

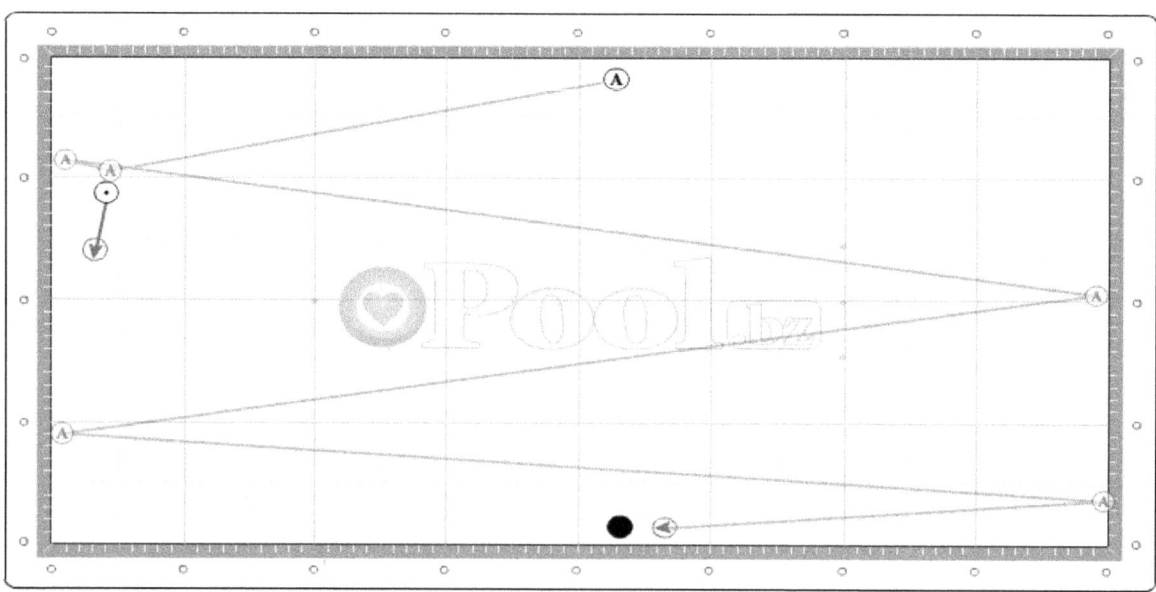

F:2d – Inrätta

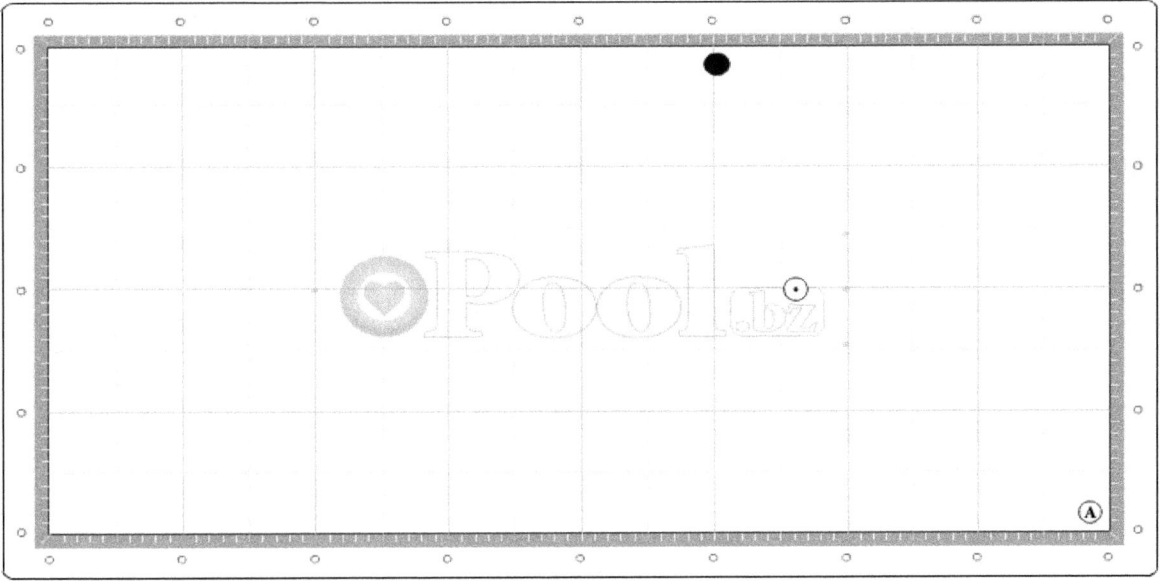

Anteckningar och idéer:

Skottmönster

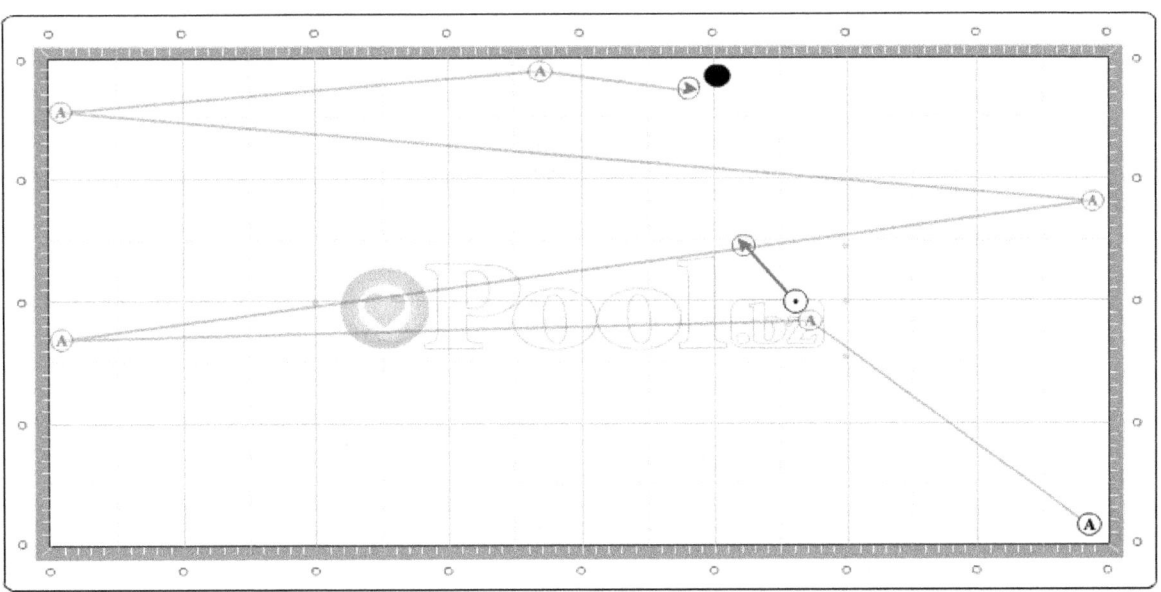

F: Grupp 3

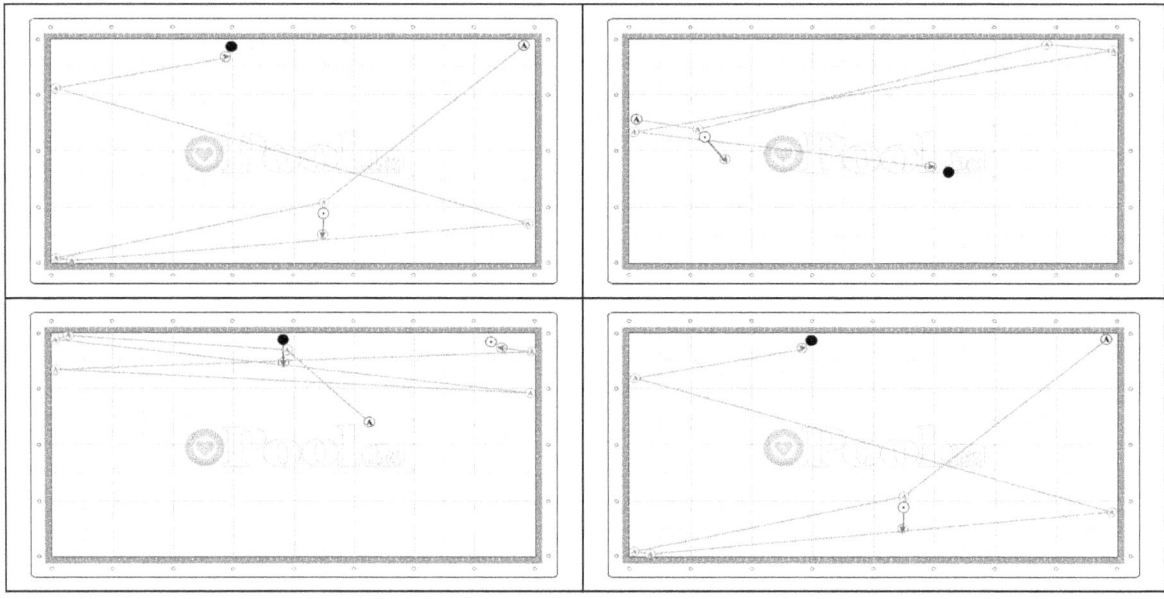

Analys:

F:3a. _____

F:3b. _____

F:3c. _____

F:3d. _____

F:3a – Inrätta

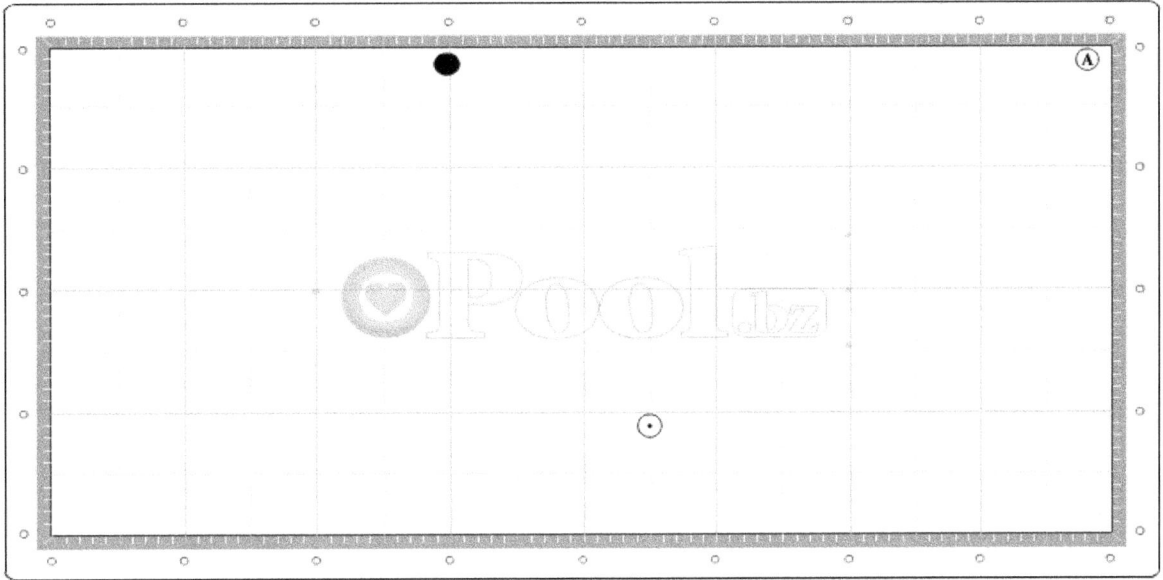

Anteckningar och idéer:

Skottmönster

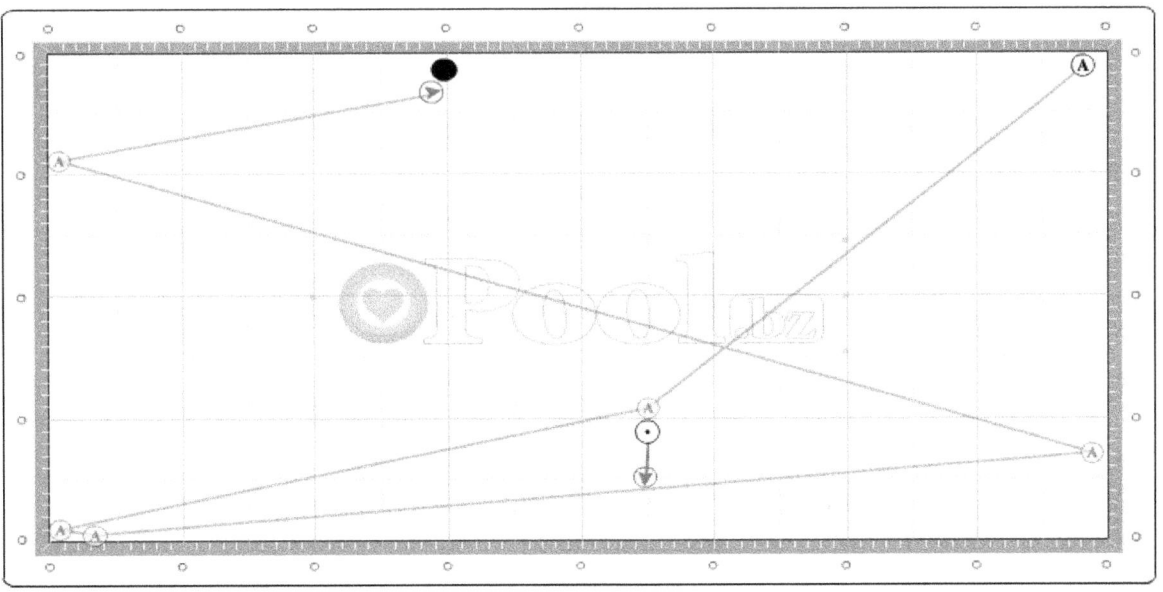

F:3b – Inrätta

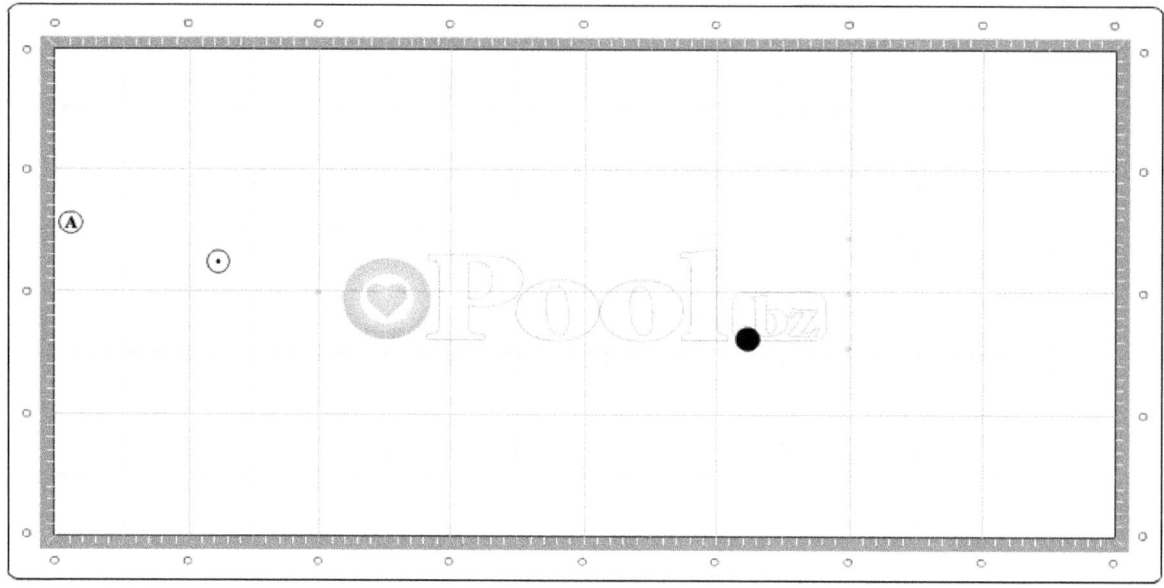

Anteckningar och idéer:

Skottmönster

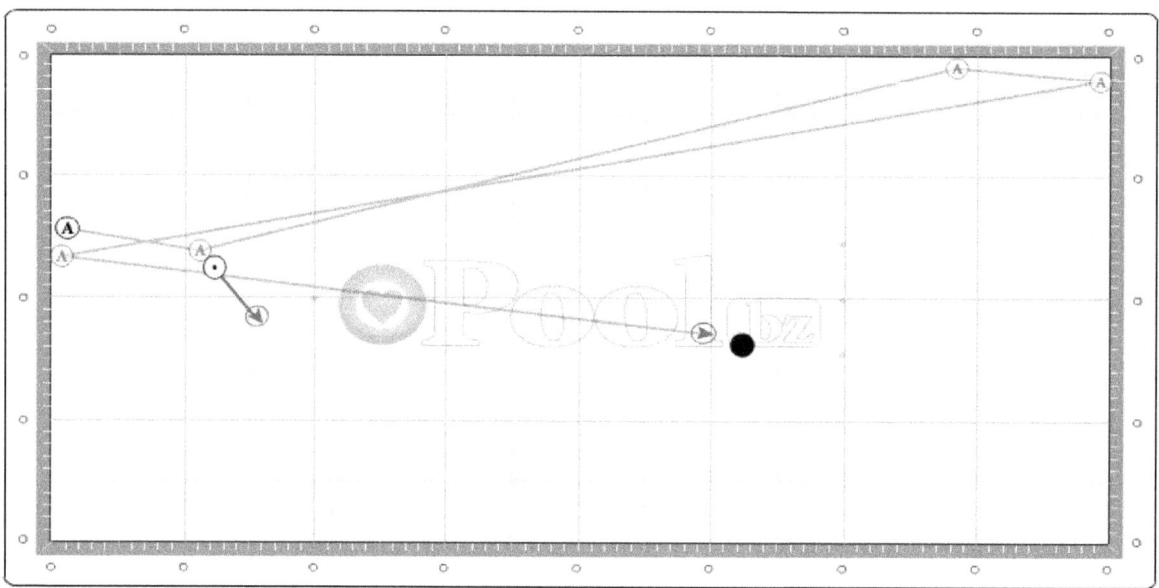

F:3c – Inrätta

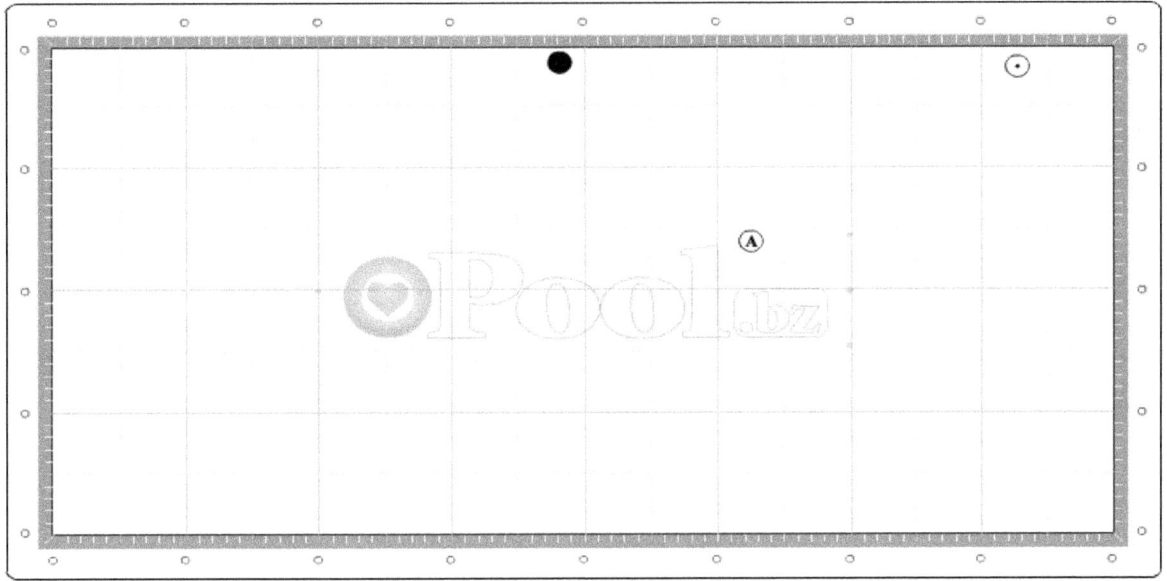

Anteckningar och idéer:

Skottmönster

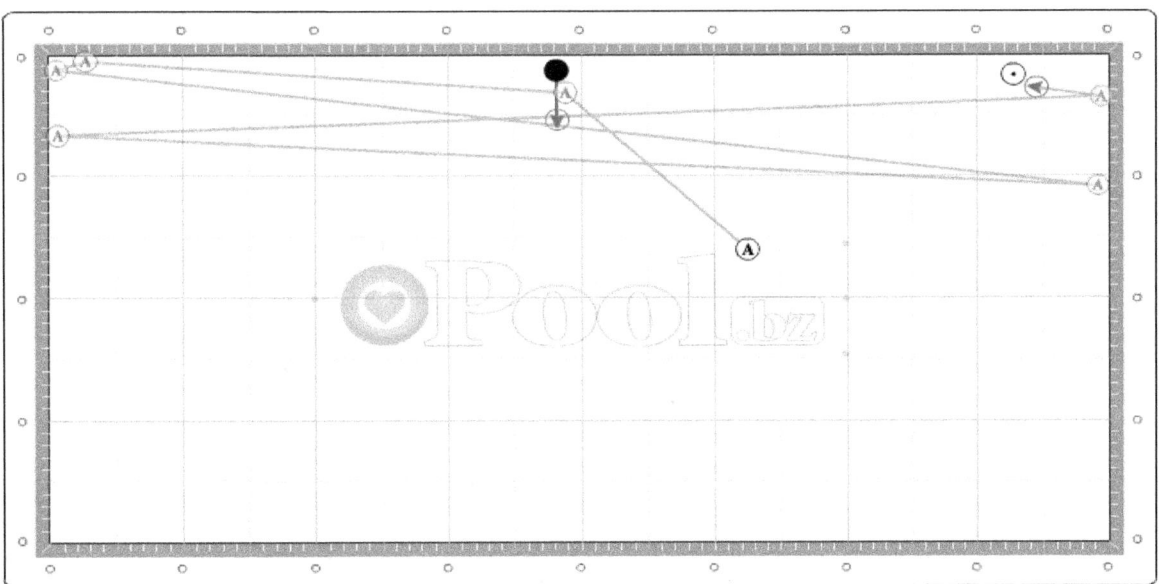

F:3d – Inrätta

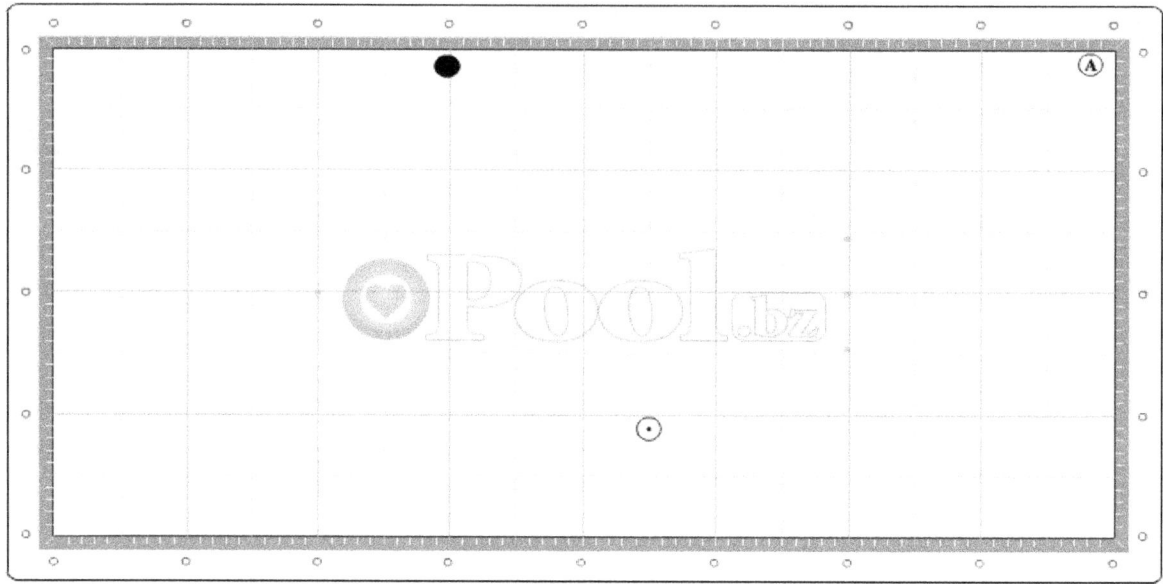

Anteckningar och idéer:

Skottmönster

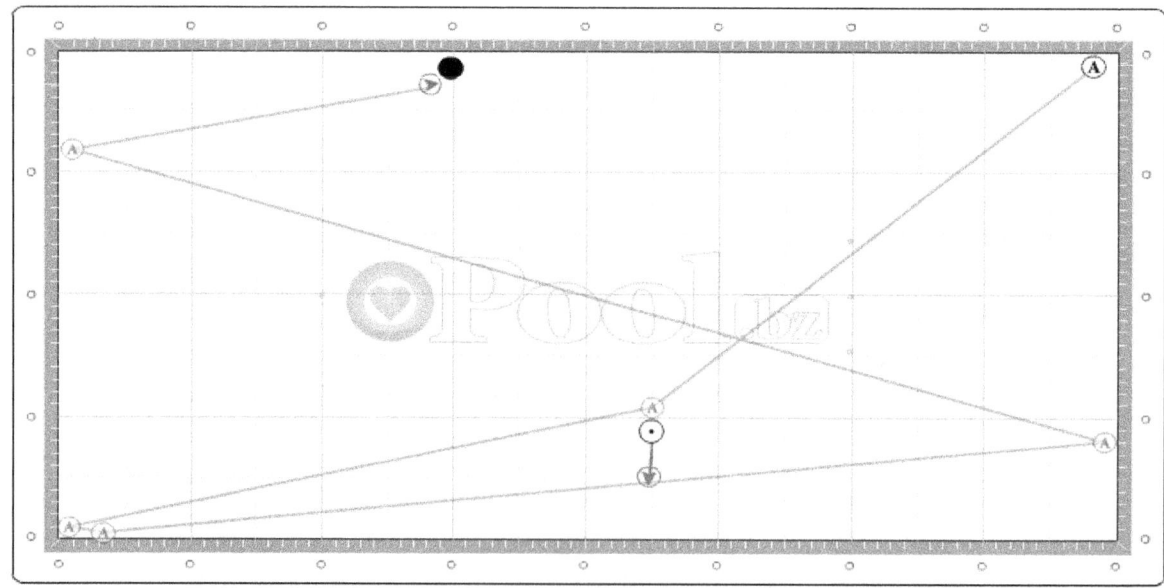

F: Grupp 4

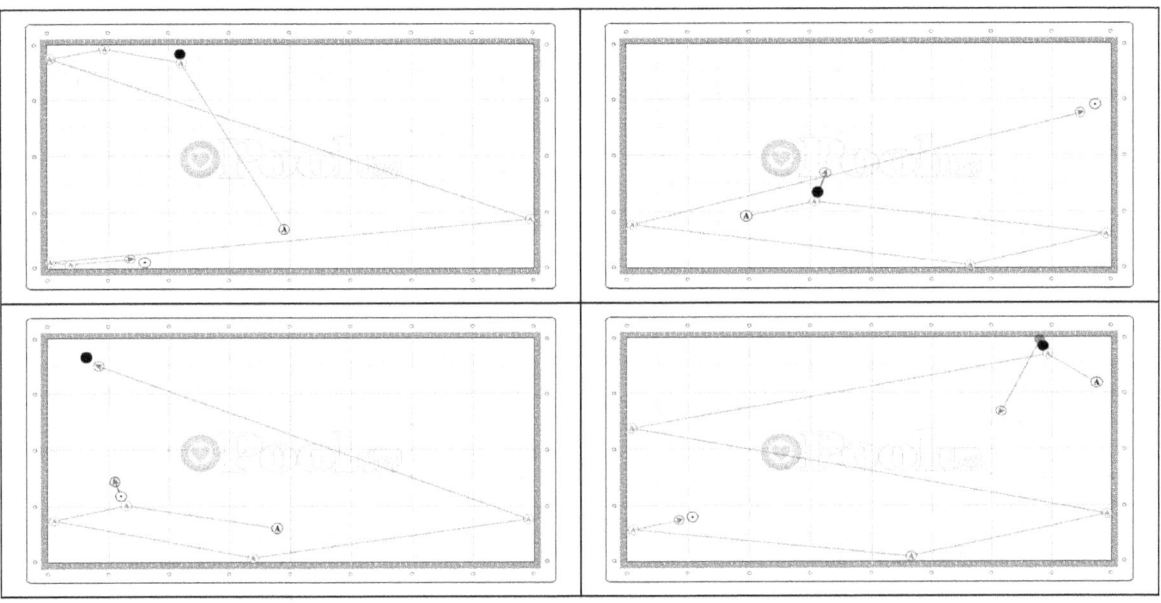

Analys:

F:4a. _____

F:4b. _____

F:4c. _____

F:4d. _____

F:4a – Inrätta

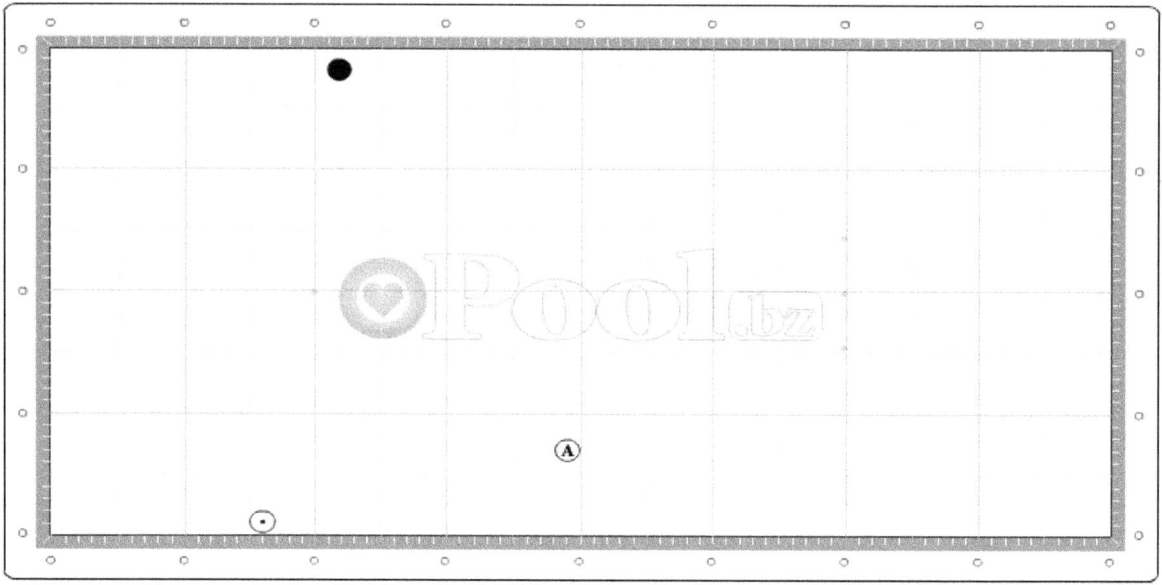

Anteckningar och idéer:

Skottmönster

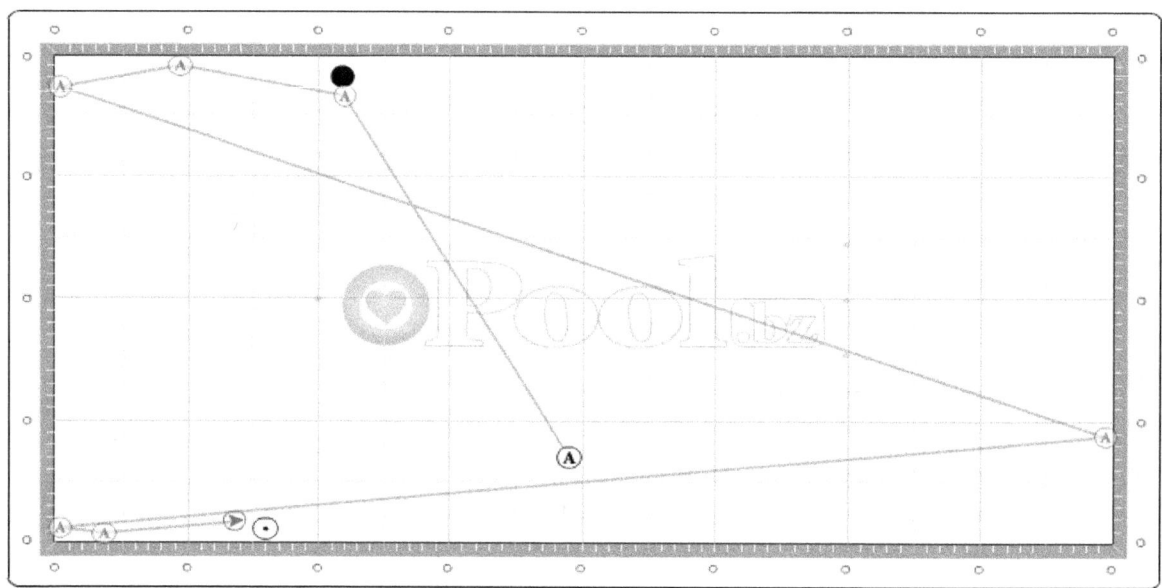

F:4b – Inrätta

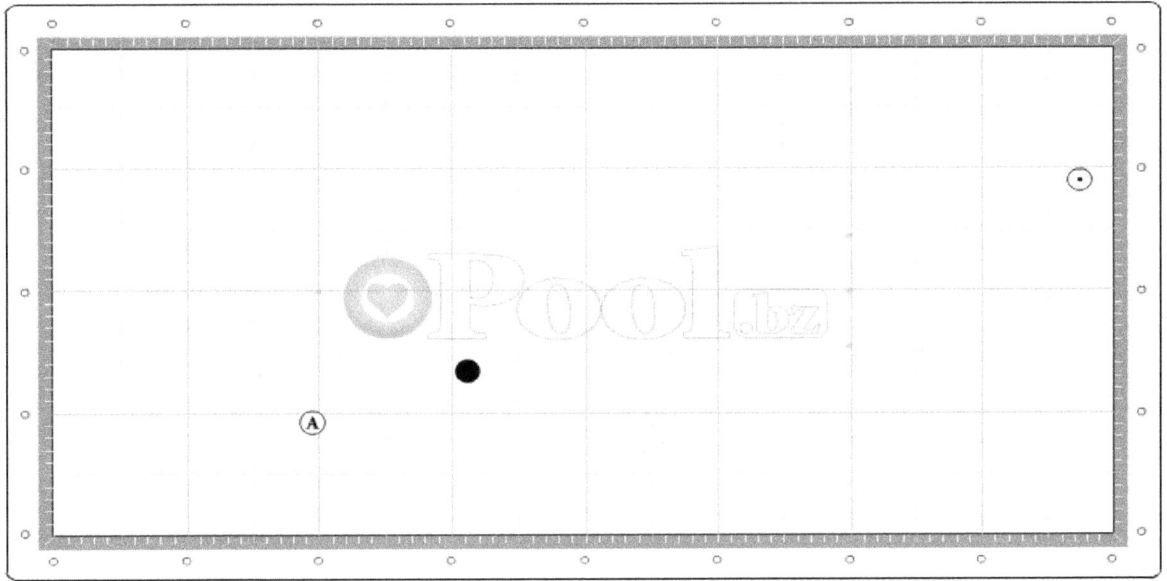

Anteckningar och idéer:

Skottmönster

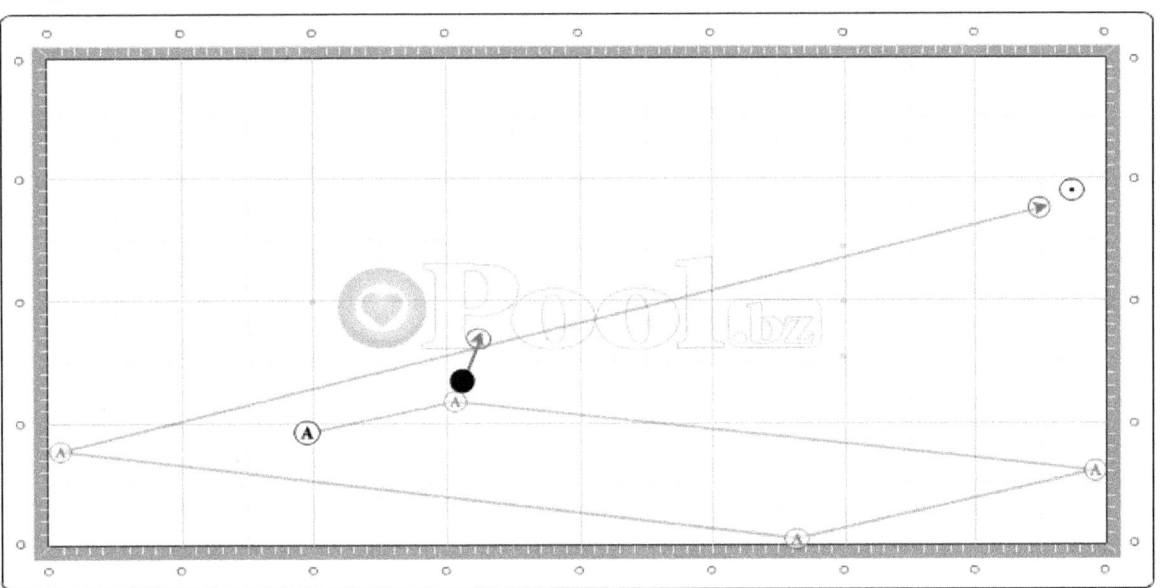

F:4c – Inrätta

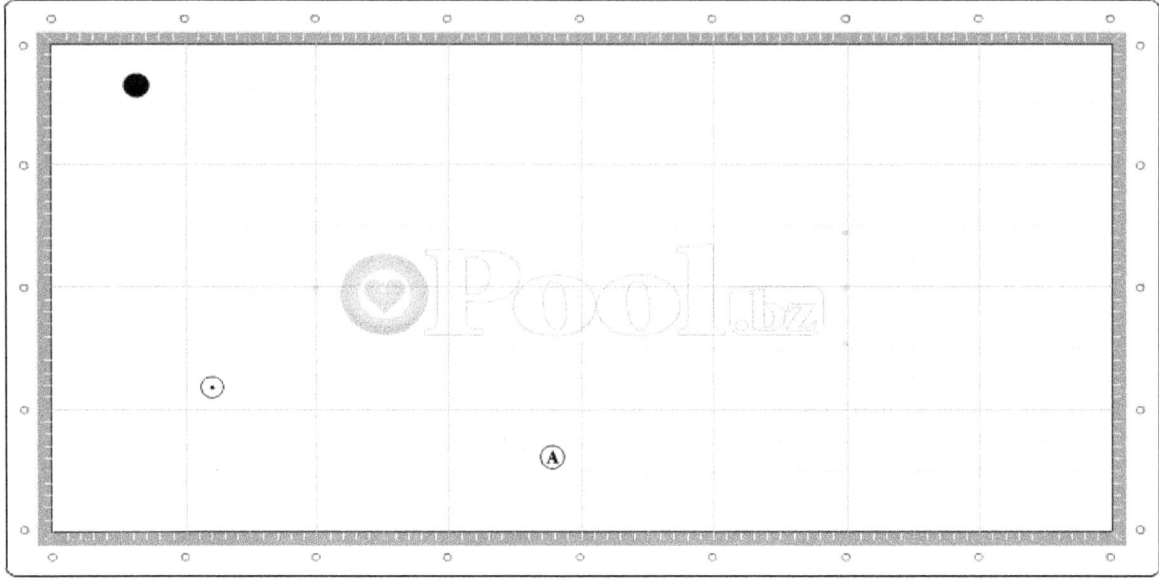

Anteckningar och idéer:

Skottmönster

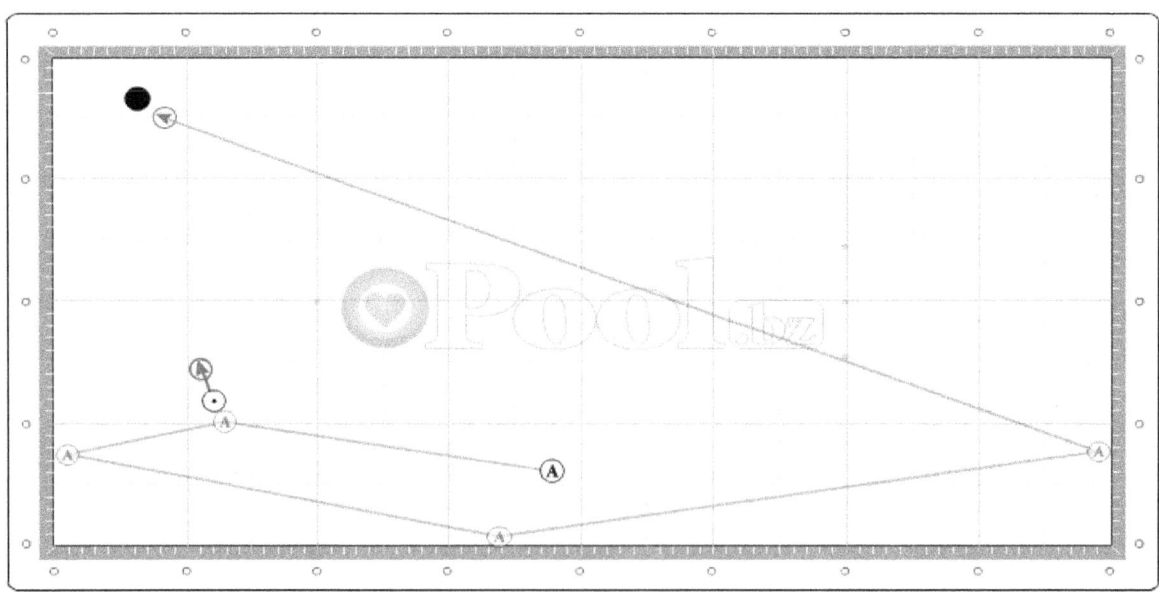

F:4d – Inrätta

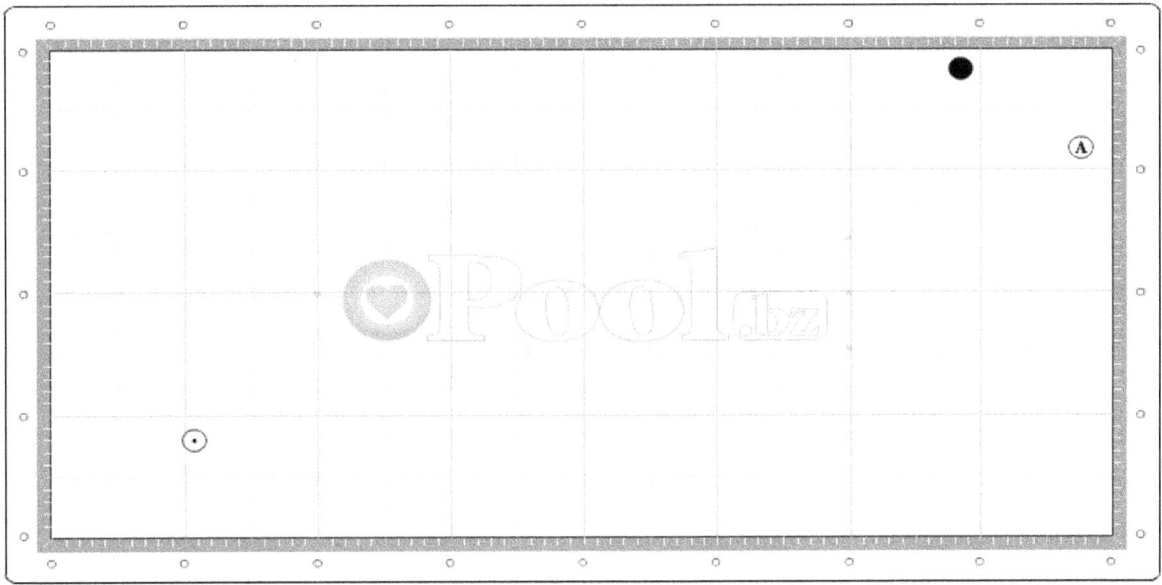

Anteckningar och idéer:

Skottmönster

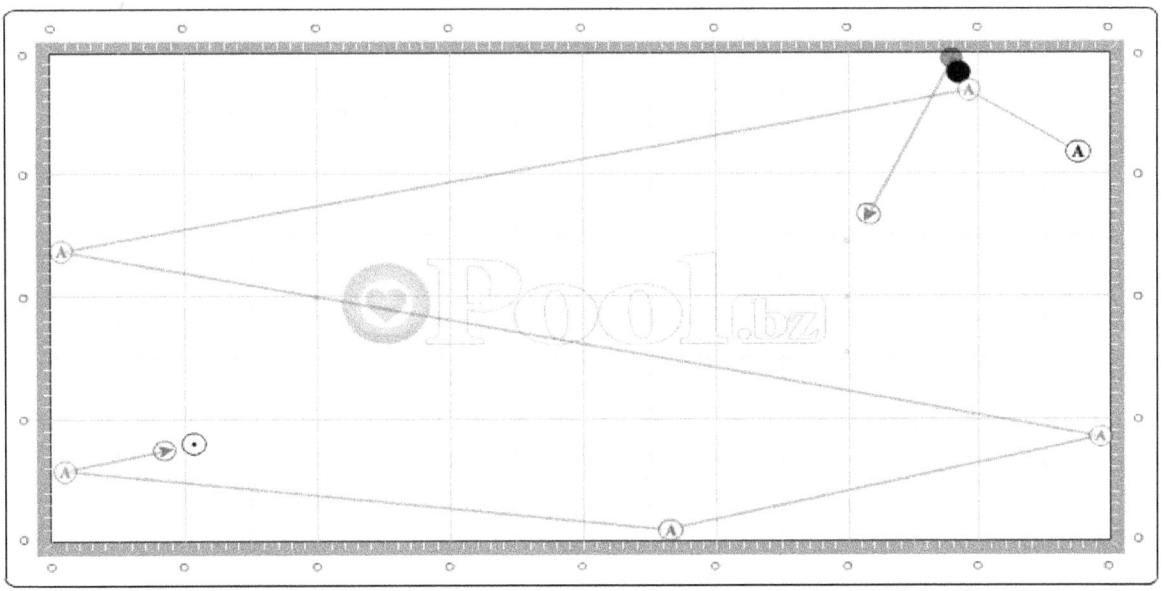

F: Grupp 5

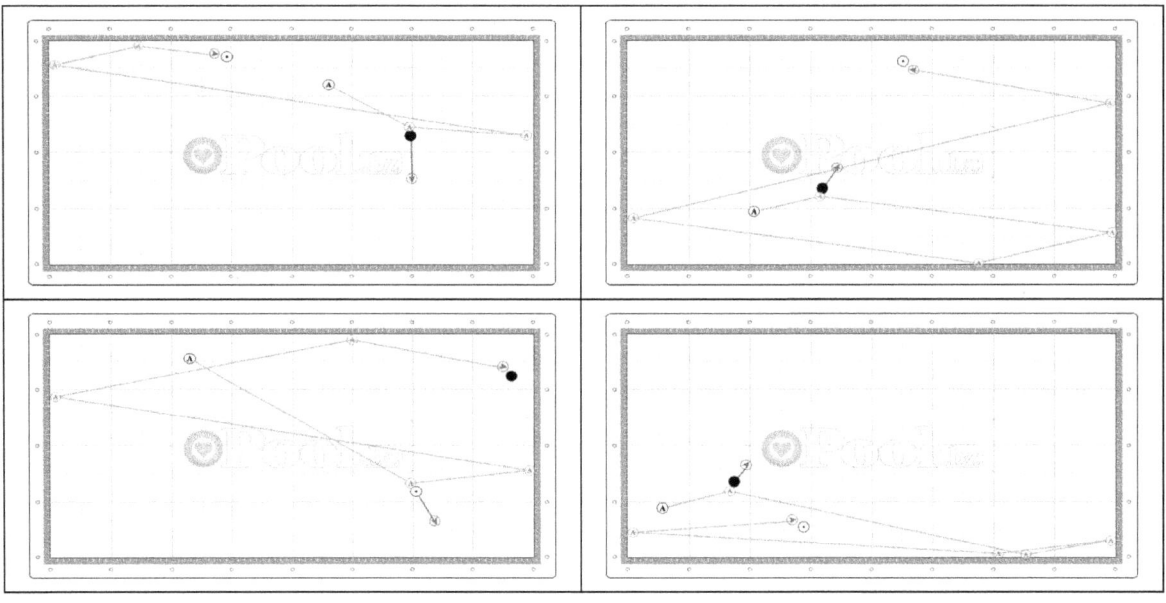

Analys:

F:5a. _____

F:5b. _____

F:5c. _____

F:5d. _____

F:5a – Inrätta

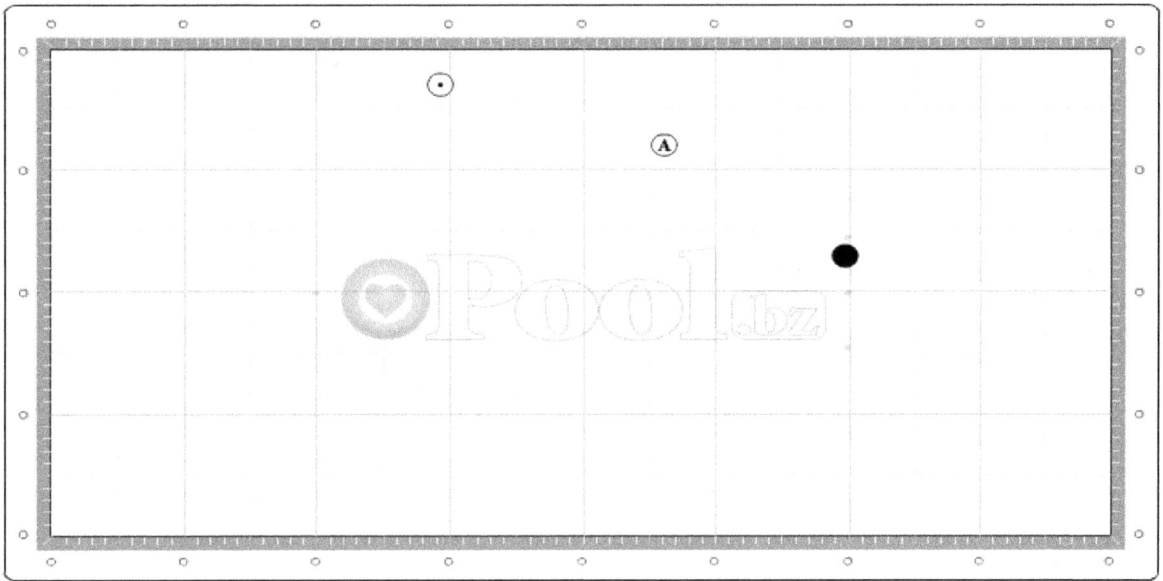

Anteckningar och idéer:

Skottmönster

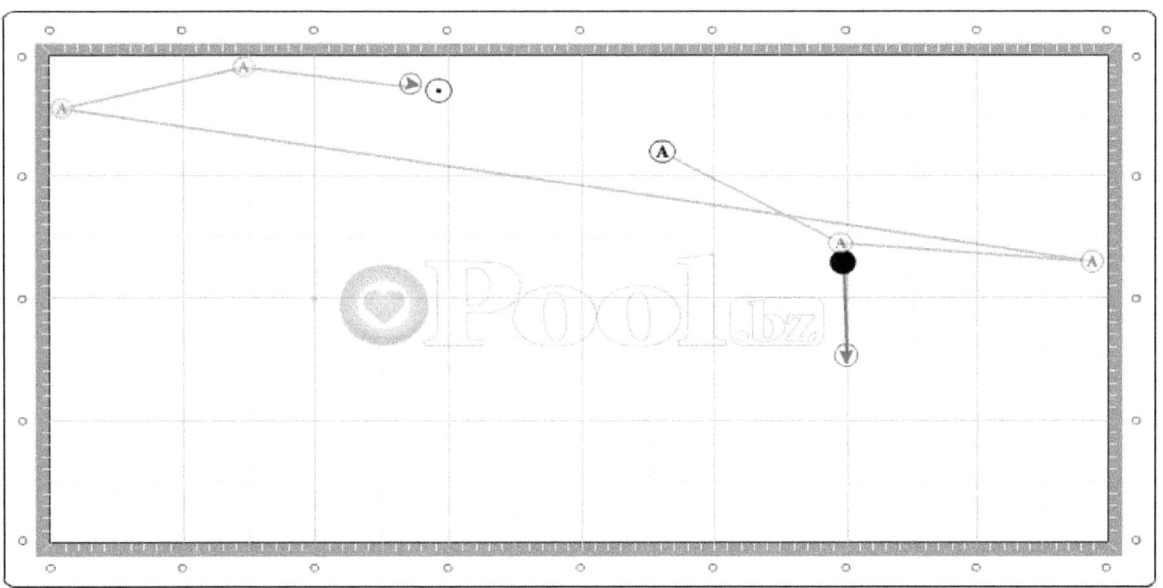

F:5b – Inrätta

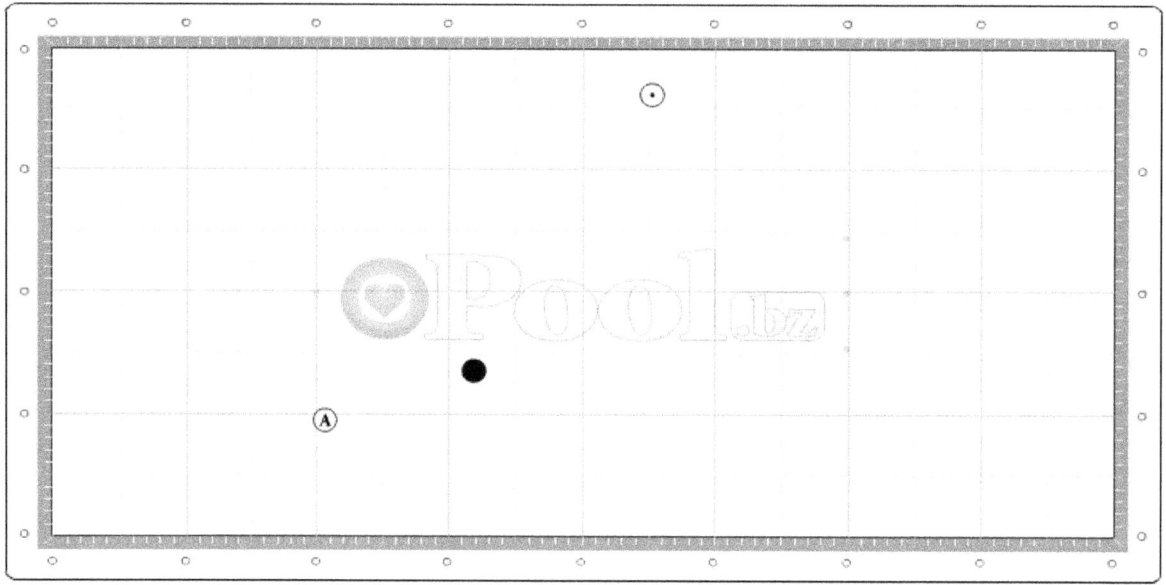

Anteckningar och idéer:

Skottmönster

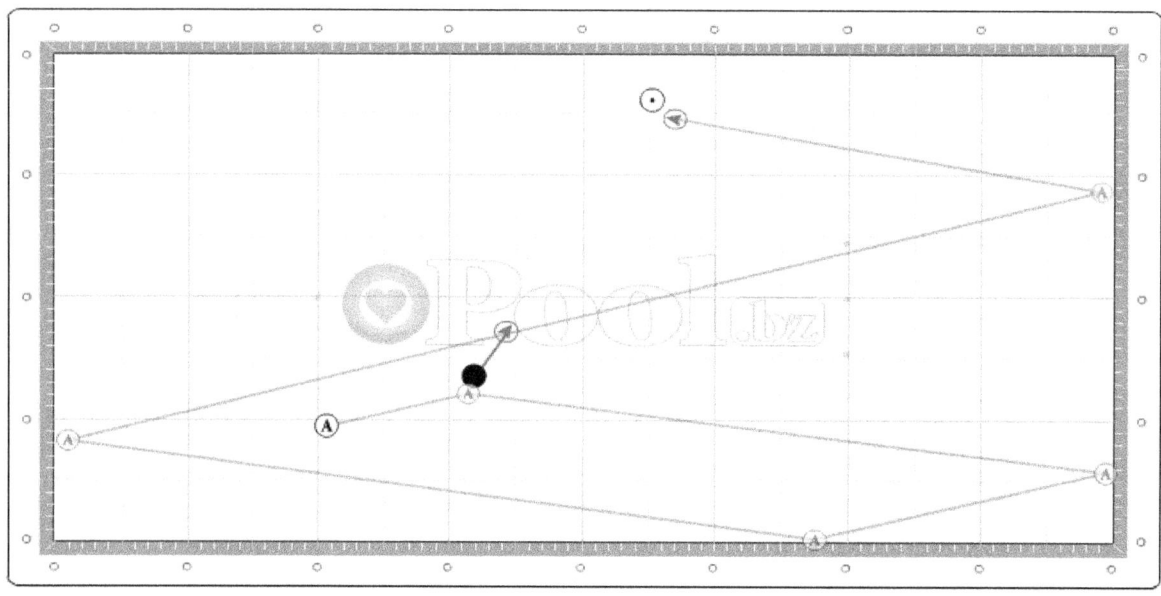

F:5c – Inrätta

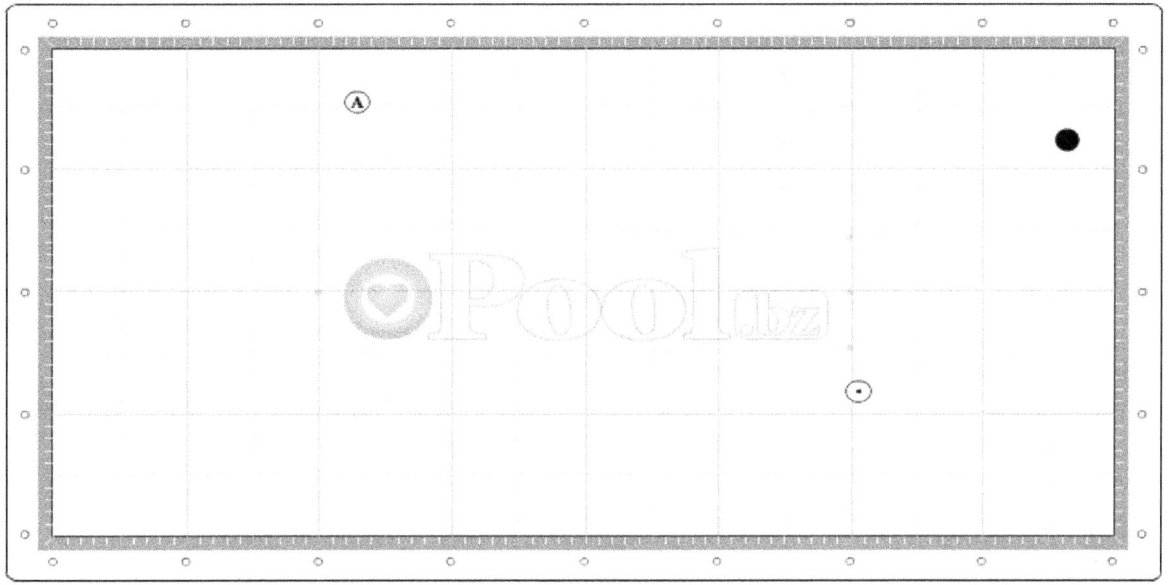

Anteckningar och idéer:

Skottmönster

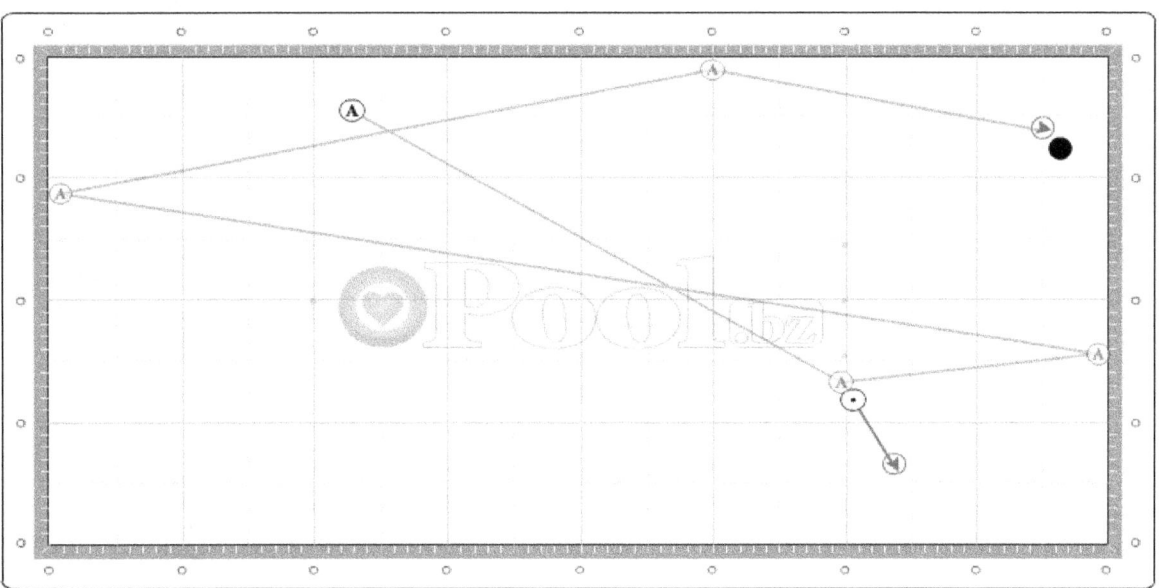

F:5d – Inrätta

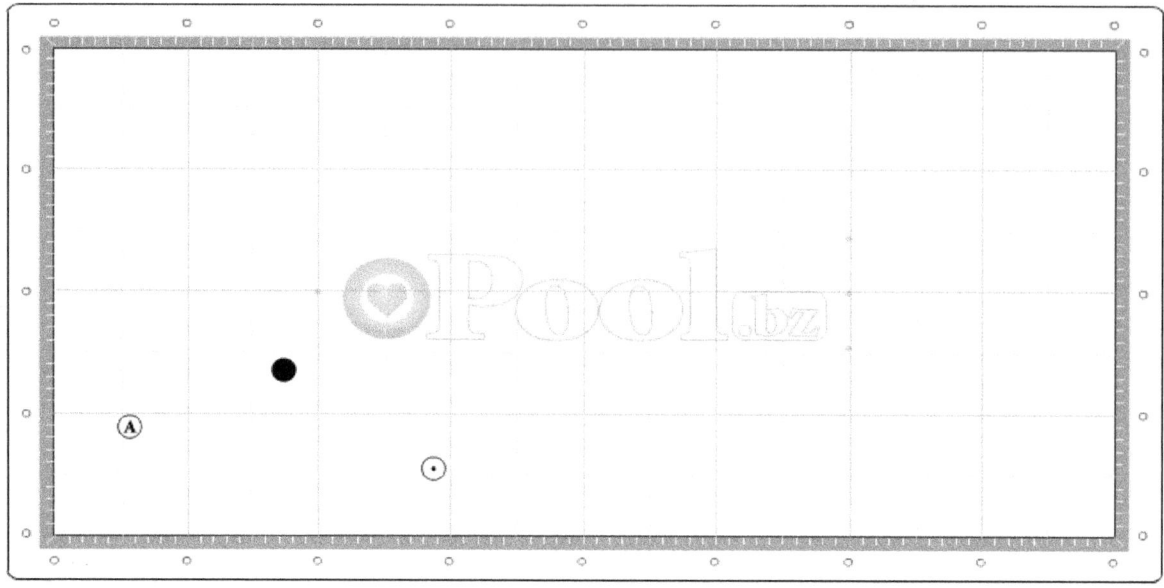

Anteckningar och idéer:

Skottmönster

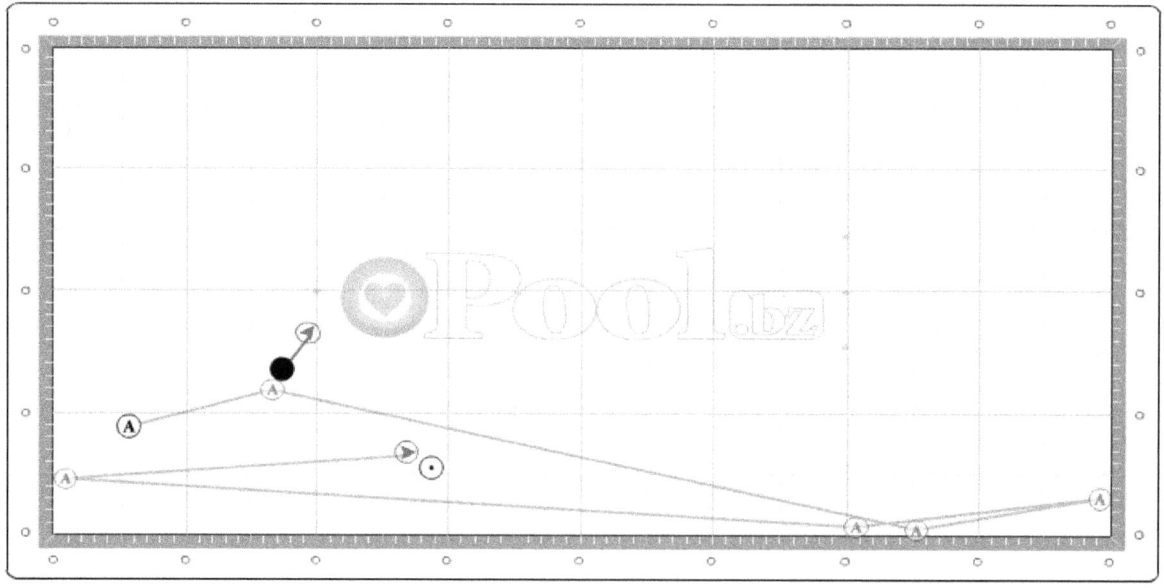